Zwei *in der* Küche

Kochbuch für *glückliche Paare*

TEXTE UND REZEPTE VON

Sabine Schlimm

FOTOS VON

Lisa Nieschlag
Julia Cawley

Sabine Schlimm ✳ Lisa Nieschlag ✳ Julia Cawley ✳ Lars Wentrup

Zwei *in der* Küche

Kochbuch für
glückliche Paare

Hölker Verlag

Rezepte

Paargeschichten

„Weißt du noch, damals, die Lasagne, die du für mich ge-macht hast, als ich das erste Mal bei dir zu Hause war?"

„Oh ja. Ich war ganz schön aufgeregt und dachte nur die ganze Zeit: Hoffentlich magst du die."

„Ich fand sie ja toll. Außerdem war ich ganz schön beein-druckt, dass du dir für mich solche Mühe gegeben hast."

„Es wurde dann ja auch ein ziemlich netter Abend."

„Eigentlich könnten wir mal wieder Lasagne machen, oder? Diesmal aber zusammen."

Zwei in der Küche:
lauter Paargeschichten

Am Anfang vieler Paargeschichten steht etwas zu essen. Das erste Treffen zu zweit in dem netten Café mit dem guten Schokokuchen. Das erste selbst gekochte Essen: bei den einen ein ausgefeiltes Drei-Gänge-Menü zum Beeindrucken, bei den anderen eine Schüssel Spaghetti mit reichlich Rotwein für einen langen, lustigen Abend. Das erste gemeinsame Frühstück und die Erkenntnis: Du magst dein Ei am liebsten wachsweich, ich hart. Dir fehlt was ohne deine Schokocreme, während ich morgens Käse brauche. Wie aufregend, den anderen und seine Vorlieben nach und nach kennenzulernen! Noch Jahre später können Erinnerungen an solche Meilensteine der Beziehung Herzklopfen auslösen, und gewisse Gerichte bleiben immer mit ersten Malen verknüpft.

Irgendwann fällt die Entscheidung, nicht nur hin und wieder Tisch und Bett zu teilen, sondern ab sofort immer. Und die Küche gleich mit dazu. Schließlich wächst die Liebe auch an ihren Herausforderungen. Jetzt beginnt eine spannende Zeit. Unverständlich, warum sich die Partnerschaftstipps in den Ratgeberspalten der Zeitschriften immer an der Zahnpastatube aufhängen – die gemeinsame Benutzung der Küche birgt mindestens ebenso großes Konfliktpotenzial wie die des Badezimmers!

Meine Art und deine Weise

Sie verwandelt die Küche in ein kreatives Chaos, selbst wenn sie nur einen Salat macht, wogegen er es gerne ordentlich hat und deshalb jeden benutzten Löffel direkt abwäscht. Er kocht mit reichlich Knoblauch, weshalb sie schon alle Fenster aufreißt, noch bevor die Pfanne richtig heiß ist. Während vorher jeder in seinem Reich getan hat, was er (oder sie) wollte, muss jetzt alles Mögliche neu verhandelt werden: Ist es okay, wenn ich mir ein Steak brate, obwohl du kein Fleisch isst? Müssen wir wirklich einen Samstag bei schönstem Sonnenschein in der Küche verbringen, weil du kiloweise Tomaten gekauft und dir vorgenommen hast, den Jahresvorrat Sugo einzukochen? Und: Wer wäscht eigentlich hinterher ab?

Klar, es gibt auch Paare, bei denen das gemeinsame Kochen von Anfang an konfliktfrei verläuft. Aber selbst bei denen, die zu Beginn erst einmal viel ausdiskutieren müssen, stellt sich nach einer Weile eine gewisse routinierte Gelassenheit ein. Vieles ist geklärt, die eine oder andere Macke des anderen wird akzeptiert, an anderen Stellen schließt man lieber die Augen. Vor allem aber findet jeder seine Rolle im gemeinsamen Küchenballett, und das kann je nach Paar ganz unterschiedlich funktionieren. Wer weiß, vielleicht findet ihr euch ja in dieser kleinen Paartypologie wieder?

Das Küche-und-Keller-Paar

Die Rollenaufteilung ist klar: Er (oder sie) schaltet und waltet am Herd, während sie (oder er) sich um die Getränke kümmert, die Gäste begrüßt und ihnen ein Willkommensglas einschenkt. „Mein Tanzbereich – dein Tanzbereich" ist hier das Prinzip. Das funktioniert ganz wunderbar – Hauptsache, der oder die Getränkebeauftragte kommt nicht plötzlich auf die Idee, bei der Menüplanung mitmischen oder mal eben das Salatdressing machen zu wollen. Aber das passiert selten, denn schließlich sind die Bereiche glasklar abgesteckt.

Das Chef-und-Küchenjunge-Paar

In der Küche, so viel ist bei diesem Paar klar, kann nur einer das Sagen haben. Wer von beiden sich die symbolische Kochhaube aufsetzt, kristallisiert sich meist schnell heraus: sie, weil sie einfach die größere Kocherfahrung hat; er, weil er Perfektionist ist und stundenlang bei YouTube die genaue Schnittführung mit diesem neuen japanischen Messer recherchiert. Oder umgekehrt natürlich. Wer nicht die Chefrolle hat, arbeitet zu, und zwar exakt nach Anweisung. Die Zwiebeln müssen fein gewürfelt werden – und das heißt wirklich fein. Der Brotteig ist genau zehn Minuten zu kneten, und nicht zu zaghaft, bitte!

Bei guter Führung bekommt der Küchenjunge (oder das Küchenmädchen) auch mal anspruchsvollere Aufgaben übertragen, aber immer unter dem kritischen Blick des Chefkochs. Sofern beide mit diesen Rollen einverstanden sind, kann das gemeinsame Kochen laufen wie am Schnürchen. Und schmeckt die Sauce nicht so wie geplant oder ist der Braten zu trocken, kann sich der Gehilfe entspannt zurücklehnen und auf den Chef oder die Chefin zeigen: Schließlich liegt da die Verantwortung.

Das Jedem-sein-Ding-Paar

Er kann stundenlang geduldig Spargel schälen, während sie in der Zeit lieber drei neue Dips erfindet. Rohes Fleisch fasst er nicht so gerne an, das macht immer sein Partner. Sie ist die Spezialistin für Schaumsaucen, die sie hingebungsvoll über dem Wasserbad rührt, und er ist der Spätzle-Held, weil mit dem Rezept seiner Oma einfach nichts schiefge-

hen kann. Die beiden können sich wortlos verständigen, denn sie wissen genau, wer auf welchem Gebiet seine Stärken hat. Natürlich hat es eine gewisse Zeit gedauert, bis sich diese Aufgabenverteilung herauskristallisiert hatte und jeder wusste, was er vom anderen erwarten konnte – und was nicht. Aber lange Jahre des gemeinsamen Kochens sorgen dafür, dass die Küchenarbeit zu zweit heute reibungslos über die Bühne geht.

Meistens jedenfalls. Denn neue Aufgaben können das sorgfältig austarierte System ins Wanken bringen, weil sie vollkommen neue Talente und Begabungen zutage fördern. Als sich die beiden neulich zum ersten Mal an ein japanisches Essen wagten, stellte sich heraus, dass der unermüdliche Spargelschäler keinerlei Geduld hatte, die fertigen Gerichte mit der angemessenen Zen-Haltung in den Schüsseln anzurichten – dafür entdeckte seine eigentlich ungeduldige Freundin ihren Spaß daran. Hin und wieder mal etwas Neues wagen heißt eben auch, neue Seiten am anderen kennenzulernen.

Das Kein-Schritt-ohne-dich-Paar

Wenn sie probiert, reicht sie sofort auch der Liebsten den Löffel: „Noch mehr Salz? Oder wäre ein Spritzer Zitrone gut – was meinst du?" Beim Schnippeln teilen die beiden das Gemüse bis zur letzten Möhre sorgfältig auf, damit keine mehr machen muss als die andere. Umgerührt wird abwechselnd. Kochen ist schließlich die gemeinsame Leidenschaft, und wirken nicht auch die körperliche Nähe zwischen Herd und Spüle und das einträchtige Probieren aus Töpfen und Pfannen geradezu erotisch?

Es gibt sie, diese Paare, die vom Entkorken des Kochweins bis zum abschließenden Aufräumen die gesamte Küchenarbeit in harmonischer Eintracht erledigen – aber sie werden eher selten gesichtet. Vielleicht liegt es daran, dass diese uneingeschränkte Harmonie in den meisten Fällen nur zeitweise auftritt. Insofern kann dieses Paar als temporäre Erscheinungsform des Jedem-sein-Ding-Paars gelten, die man genießen sollte, solange sie existiert.

Das Chaos-Paar

Diese zwei bilden quasi die Antithese zum unzertrennlichen Paar. Die beiden sind unterschiedlich wie Würstchen und Sojamilch, wie Trüffelomelett und Reste-von-gestern-Pfanne. Aber beide kochen gern, und keiner von beiden möchte sich dauerhaft den Kochlöffel aus der Hand nehmen lassen. Also raufen sie sich irgendwie zusammen – und manchmal sieht die Küche tatsächlich aus, als hätte dort eine Rauferei stattgefunden.

Diese Paarkonstellation hat allerdings eine begrenzte Halbwertszeit, denn irgendwann wird es zu anstrengend, ständig über die für den menschlichen Organismus noch verträgliche Chilimenge, die einzig richtige Art des Zwiebelwürfelns oder über Bio- versus Billigfleisch zu streiten. Dann knallt es entweder richtig – oder einer von beiden zieht sich auf ein begrenztes Einflussgebiet zurück, womit sich auch das Chaos-Paar in ein Jedem-sein-Ding-Paar verwandelt hätte. Vielleicht eins, bei dem es in der Küche trotzdem ein bisschen heißer hergeht als anderswo.

Zwei plus mehr

Natürlich gibt es neben diesen häufigsten Typen auch noch alle möglichen Neben-, Zwischen- und Abseits-Formen. Und genauso selbstverständlich sind diese Rollenverteilungen nicht in Stein gemeißelt – oder sie sollten es zumindest nicht sein. Solange sich beide gegenseitig die Freiheit lassen, aus ihren einmal gewählten Rollen wieder auszubrechen und Neues auszuprobieren, ist alles gut. Zudem kann das gewohnte Miteinander auch durch äußerliche Veränderungen durchgerüttelt werden: Kinder beispielsweise können das ganze System völlig auf den Kopf stellen. Dann heißt es: Zurück auf Anfang und mal sehen, wie sich unter veränderten Rahmenbedingungen neue Routinen entwickeln.

Wie gut die Arbeitsteilung in der Küche funktioniert, erweist sich spätestens dann, wenn Freunde oder Familie am Tisch Platz nehmen, um sich bekochen zu lassen. Läuft ab dem Moment, in dem die Gäste eintreffen, bis zur Verabschiedung alles Hand in Hand, werden sich die beiden am Ende des Abends in die Augen blicken und sagen: Das haben wir gut hingekriegt, du und ich.

Eine Küche,
vier Hände

„Bist du gleich fertig mit dem Zwiebelschneiden? Ich brauche mal das Messer."

„Nimm doch eins von den anderen! Ich will erst noch die Kräuter hacken."

„Aber das ist mein Lieblingsmesser, und das weißt du genau."

„Na ja, aber es ist doch auch mein Lieblingsmesser!"

Gemeinsames Kochen kann jede Menge Spaß machen. Es kann allerdings auch zu ständigen Reibereien führen, weil zwei Leute ein Ballett um das einzige gute Messer, das große Schneidebrett und nicht zuletzt einen Platz an der Arbeitsplatte aufführen. Zum Glück lassen sich die meisten Konfliktpunkte relativ einfach aus der Welt schaffen.

Es schadet zum Beispiel nicht, die am häufigsten gebrauchten Küchenwerkzeuge wie Sparschäler, Pfannenwender oder Teigschaber doppelt anzuschaffen – Kochlöffel und Schneidebretter ruhig auch dreioder vierfach. So können beide parallel arbeiten, und einer muss nicht immer wieder zwischendurch benutzte Gerätschaften abwaschen – womöglich noch im selben Moment, in dem der andere gerade im einzigen Spülbecken die Kartoffeln abbürsten möchte.

Kleine Messersammlung

Vor allem aber sollten genügend gute Messer vorhanden sein, mit denen beide gerne arbeiten. Die minimale Kollektion umfasst:
- ein Brotmesser mit Wellenschliff. Klingt selbsterklärend, eignet sich aber außer für Brot auch beispielsweise dafür, Schweinebraten mit Kruste in Scheiben zu schneiden.
- ein Office-Messer mit ungefähr fingerlanger, spitz zulaufender Klinge. Es ist unentbehrlich für Gemüseschnippeleien aller Art, vom Zwiebelwürfeln bis zum Blumenkohlzerteilen, vom Kohlrabischälen bis zum Ausstechen der Kartoffelaugen. Insofern: Nehmt lieber gleich zwei.

- ein Messer mit schmaler, langer Klinge. Damit kann man zum Beispiel den Braten in gleichmäßig dünne Scheiben teilen, aber auch rohes Fleisch vom Knochen schneiden oder Fische filetieren. Für all diese Tätigkeiten gibt es natürlich auch Spezialmesser, aber hier geht es ja um die Basisausstattung.
- Kochmesser.

Die Kochmesser sind die wichtigsten von allen. Ja, Kochmesser im Plural, denn davon sollte es in der Pärchenküche auf jeden Fall zwei geben. Gemeint sind große, sehr breite Messer mit einer üblichen Klingenlänge zwischen 15 und 23 Zentimetern, mit denen man Möhren in feine Streifen schneiden, Kräuter hacken und Kürbisse zerteilen kann.

Qualität schlägt Quantität

Weil diese Allrounder für fast alles eingesetzt werden können, sind sie in vielen Küchen die meistbenutzten Werkzeuge. Das heißt, sie sollten an Handgröße, Körpergröße und Schnitttechnik perfekt angepasst sein – ein weiterer Grund, weshalb jeder sein eigenes Messer haben sollte. Am besten geht ihr in ein Haushaltswarengeschäft oder die entsprechende Abteilung eines Kaufhauses und probiert so lange herum, bis jeder von euch das perfekte Messer gefunden hat. Kochmesser sind eben eine höchst persönliche Angelegenheit.

Das ist übrigens einer der Gründe, weshalb ihr von der Anschaffung eines Messerblocks aus dem schwedischen Möbelhaus oder dem Sonderangebot des Supermarktes die Finger lassen solltet: Fünf, sechs Messer, die alle nur so mittelgut in der Hand liegen und deren Schärfe schnell nachlässt, sind irgendwann fünf, sechs unbrauchbare Messer zu viel. Gebt lieber etwas mehr Geld aus oder lasst euch gute Messer schenken – beziehungsweise die Gutscheine dafür, denn, wie bereits erwähnt, immer vorher ausprobieren!

Platz, die knappe Ressource

Es gibt übrigens noch einen zweiten Grund, der gegen den Messerblock spricht: der Block selbst. In den meisten Küchen ist Platz auf der Arbeitsfläche Mangelware, gerade wenn zwei Leute gleichzeitig mit Kochvorbereitungen beschäftigt sind. Gut also, wenn sich dort nicht auch noch alle möglichen Gerätschaften breit machen! Anstelle eines Messerblocks lohnt sich die Anschaffung einer speziellen Magnetschiene, an der die wichtigsten Messer griffbereit an der Wand hängen.

Damit aufgeschlagene Kochbücher keinen zusätzlichen Platz wegnehmen, gibt es Kochbuchhalter, in denen das Buch aufrecht stehen kann – für Fans elektronischer Rezepte natürlich auch Tablethalter.

Bleibt nur noch ein Tipp, damit das gemeinsame Kochen nicht in Tränen endet: Wenn ihr mit dem Messer in der Hand umeinander herumgeht, dann sagt dem anderen laut Bescheid, damit kein Unfall passiert. Pflaster solltet ihr natürlich trotzdem bereithalten. Liebevoll verarztet und getröstet zu werden, wenn man sich gerade in den Finger geschnitten hat, ist schließlich einer der großen Pluspunkte der Zweisamkeit in der Küche.

Sonntags-
frühstück

Purpursmoothie

Kann ein Tag schlecht werden, der mit so viel Farbe beginnt? Bestimmt nicht, zumal wir mit diesem Smoothie schon mal einen Punkt auf der To-do-Liste für heute abgehakt hätten: für Vitamine sorgen. Check!

FÜR 2 PERSONEN

Zubereitung: 35 Minuten

150 g Himbeeren (frisch oder TK)
½ Galia-Melone (ca. 380 g)
½ Banane
1 vorgegarte Rote Bete
2 Zweige Minze
250 ml Kokos-Reis-Drink
(Bioladen, ersatzweise
Reisdrink)

Frische Himbeeren nur falls nötig in stehendem Wasser waschen und auf Küchenpapier abtropfen lassen. (Tiefgekühlte Früchte können unaufgetaut verwendet werden.) Aus der Melonenhälfte die Samen mit einem Löffel herauskratzen. Die Melone in Spalten schneiden und schälen. Die Bananenhälfte ebenfalls schälen. Melone, Banane und Rote Bete in grobe Stücke schneiden.

Die Minze waschen, trocken schütteln und die Blättchen abzupfen. Alle vorbereiteten Zutaten mit dem Kokos-Reis-Drink im Mixer glatt pürieren. Den Smoothie in zwei großen Gläsern servieren.

Cold-brew Coffee

Wer das hier für kalten Kaffee hält, soll erst mal probieren. Denn wenn Kaffee nicht heiß aufgebrüht wird, sondern kalt ziehen darf, wird er weniger bitter und entwickelt viel reichhaltigere Aromen. Heiß trinken dürft ihr ihn natürlich trotzdem: einfach portionsweise mit kochendem Wasser verdünnen.

FÜR 500 MILLILITER
KAFFEEKONZENTRAT

Zubereitung: 5 Minuten
Ziehen: 12 Stunden

100 g gemahlener Kaffee
für Filterkaffee

Den Kaffee mit 500 Milliliter kaltem Wasser in einem Krug oder einer Flasche aufgießen, einmal umrühren und abgedeckt 12 Stunden bei Zimmertemperatur durchziehen lassen.

Das Kaffeekonzentrat durch einen Kaffeefilter abgießen und in einem verschlossenen Gefäß im Kühlschrank aufbewahren. Es hält sich bis zu 2 Wochen.

Um einen heißen Kaffee zu trinken, einfach 1 Teil Kaffeekonzentrat mit 2 Teilen kochendem Wasser aufgießen. Je nach Geschmack kann natürlich auch mehr oder weniger Kaffeekonzentrat verwendet werden.

Ingwer-
Granola

Knusper, knusper, Knäuschen, wer knuspert … an meinem Frühstücks-müsli? Hier muss man echt aufpassen, dass einem niemand etwas aus der Schüssel mopst, so kernig, sanft süßlich und belebend ingwerscharf kommt es daher.

Den Backofen auf 160 °C vorheizen (Umluft 140 °C ohne Vorheizen). Ein Backblech mit Backpapier auslegen.

Die Haselnüsse und Mandeln grob hacken und in einer Schüssel mit Haferflocken, Quinoa, Sonnenblumenkernen und Leinsamen mischen. Den Ingwer schälen, fein reiben und in einer zweiten Schüssel mit Apfeldicksaft und Olivenöl verrühren. Die flüssigen mit den trockenen Zutaten gründlich vermischen und auf dem Blech verteilen. Alles im Backofen (Mitte) in 40–50 Minuten goldbraun backen, dabei zwischendurch mehrmals wenden.

Das Granola herausnehmen. Es ist jetzt noch weich, wird aber beim Abkühlen knusprig. Das ausgekühlte Granola in einer Blechdose aufbewahren.

Fürs Frühstück das Granola mit Quark oder Joghurt und frischen, klein geschnittenen Früchten anrichten.

FÜR CA. 700 GRAMM GRANOLA

Zubereitung: 20 Minuten
Backen: 50 Minuten

70 g Haselnusskerne
50 g Mandeln
250 g kernige Haferflocken
30 g gepuffte Quinoa
   (Bioladen, nach Belieben)
50 g Sonnenblumenkerne
50 g Leinsamen
30 g frischer Ingwer
200 ml Apfeldicksaft
   (Bioladen, Reformhaus)
5 EL Olivenöl

AUSSERDEM:
Quark oder Joghurt und Früchte
   zum Servieren

Schwarzwälder–Kirsch-Oats

Perfekt für alle, die keine Lust haben, morgens im Halbschlaf in der Küche zu hantieren: Die Overnight Oats können entspannt am Vorabend vorbereitet werden und sind morgens pünktlich zum Frühstück schön durchgezogen.

FÜR 2 PERSONEN

Zubereitung: 10 Minuten
Ziehen: 8 Stunden

60 g Kirschen
   (ersatzweise 50 g TK-Kirschen)
2 EL getrocknete Sauerkirschen
2 EL Mandeln
100 g kernige Haferflocken
120 ml Vollmilch

ZUM SERVIEREN
200 g Naturjoghurt
2 EL Schokoladenstreusel

Am Vorabend die frischen Kirschen waschen, halbieren, entsteinen und grob hacken (TK-Kirschen unaufgetaut hacken). Die getrockneten Kirschen und die Mandeln ebenfalls hacken. Frische und getrocknete Kirschen, Mandeln, Haferflocken und Milch kurz vermischen und auf zwei Gläser oder Schüsselchen verteilen. Diese abgedeckt über Nacht in den Kühlschrank stellen.

Zum Frühstücken den Joghurt auf der Kirsch-Haferflocken-Mischung verteilen und mit den Schokoladenstreuseln bestreuen. Sofort servieren.

Mit Ruhe
in den Tag

„Guten Morgen!"

„Chchch ..."

„Hey, ich hab gesehen, dass du wach bist. Du willst ja bloß nicht den Kaffee machen müssen."

„Chchch ..."

„Schon gut, ich geh ja. Aber eins sag ich dir: Anna hat neulich erzählt, dass Thomas sie mal an einem Sonntagmorgen mit selbst gebackenen Brötchen überrascht hat. Da kann sich ein gewisser Jemand mal eine Scheibe von abschneiden!"

„Chch... Brötchen? Hat hier jemand was von frischen Brötchen gesagt?"

In der Pärchentheorie klingt das alles so einfach: Ein Partner ist Frühaufsteher und bereitet dem anderen morgens liebevoll das Frühstück zu. Der Spätaufsteher übernimmt dafür das Abendessen, denn dann fallen dem anderen schon halb die Augen zu. Oder beide sind Lerchen, springen morgens freudig aus dem Bett, und während die eine schnell einen frischen Obstsalat schnippelt, holt der andere das Blech mit den selbst gebackenen Brötchen aus dem Ofen. Es folgt: eine idyllische Szene mit dampfenden Kaffeebechern, weichen Eiern, Sonnenstrahlen auf Blumenstrauß.

Blöd nur, wenn beide morgens am liebsten ausschlafen, aber trotzdem zumindest am Wochenende gerne ein ausgiebiges Frühstück genießen. Am besten im Bett. Oder wenigstens im Pyjama am Küchentisch. Womit das niedliche kleine Frühstückscafé an der Ecke normalerweise flachfällt, obwohl dort die nette Bedienung Kaffee, Eier und Croissants serviert und dabei sogar lächelt.

Vorbereitung statt Morgenhetze

Die gute Nachricht für alle Lang- und Sonntags-Ausschläfer: Niemand muss um sieben Uhr aufstehen, damit um zehn ein Frühstück mit allem Drum und Dran fertig ist. Eine Menge Vorarbeit lässt sich nämlich schon am Abend erledigen. Das fängt mit dem Tischdecken an: Alles, was nicht gekühlt werden muss, darf einfach die Nacht auf dem Tisch verbringen. Ja, auch die Butter: Die lässt sich weich ohnehin besser streichen. Blümchen

nicht vergessen! Dann kommen wir dem Frühstücksidyll aus der Fernsehwerbung schon ziemlich nahe.

Und die frischen Brötchen? Wer keine Lust hat, am Sonntagmorgen schnell zum Bäcker um die Ecke zu laufen, macht sich einfach eine der praktischen Eigenschaften von Hefe zunutze: Die geht nämlich auch, wenn ihr kalt ist – allerdings seeehr, seeehr langsam. Stellt ihr den Brötchenteig abends abgedeckt in den Kühlschrank, ist er morgens praktischerweise genau so weit, dass ihr ihn nur noch formen, aufs Blech legen und backen müsst (siehe Rezept S. 30). Das schaffen selbst diejenigen, die vor Mittag sonst kaum zu großen Heldentaten in der Lage sind. Ehrlich!

Eine andere Lösung: dann backen, wenn die Lebensgeister putzmunter sind, und das fertige Gebäck hinterher einfrieren – zum Beispiel Brötchen, Bagels oder Frühstücksmuffins. Irgendwann kommt der Sonntagmorgen, an dem man sich daran erinnert und sie herausnimmt. Dann geht's schnell: Den Backofen auf 180 °C vorheizen (Ober-/Unterhitze; Umluft kann die Brötchen austrocknen), das gefrorene Gebäck hineinlegen und je nach Größe 10–15 Minuten aufbacken, bis es knusprig ist. Zwischendurch einmal mit Wasser bepinseln oder besprühen. Voilà, die perfekte Frisch-gebacken-Illusion!

Das Frühstück aus dem Kühlschrank

Das Prinzip des „Mach's einfach vorher" lässt sich übrigens bestens auf das alltägliche Frühstück übertragen. Wer morgens häufiger mit nichts als einem hastig runtergeschütteten Kaffee das Haus verlässt, weil alles andere um diese Uhrzeit geistig überfordern würde, kann es ja mal mit Overnight Oats probieren. Klingt trendy, heißt aber einfach: Haferflocken oder Müsli werden schon abends mit Obst, Milchprodukten, Nüssen oder anderen Lieblingszutaten gemischt und in den Kühlschrank gestellt, wo sie über Nacht durchziehen können. Morgens werden sie dann einfach aus dem Glas gelöffelt (siehe Rezept Seite 18). Das ergibt eine deutlich ausgewogenere Morgenmahlzeit als das pappige Croissant vom Bäcker auf dem Weg ins Büro. Und der Aufwand ist selbst am Vorabend ziemlich übersichtlich.

Klingt doch gut, oder? Bleibt nur noch die Frage, wer morgens den Kaffee kocht. Hm. Niemand? Wenn nämlich kalt gebrühtes Kaffeekonzentrat (siehe Rezept S. 16) im Kühlschrank bereitsteht, reicht es, morgens einmal Wasser heiß zu machen und etwas von diesem Cold-brew Coffee damit aufzugießen. Wer mag, macht jetzt noch einen zweiten Becher davon für den Liebsten oder die Liebste – und nimmt beide wieder mit ins Bett.

Joghurt mit Honig-Anis-Pflaumen

FÜR 4 PERSONEN

Zubereitung: 10 Minuten
Ziehen: 8 Stunden

4 blaue Pflaumen (ca. 400 g)
1 gestrichener EL Honig
½ TL gemahlener Anis
300 g griechischer Sahnejoghurt
2 EL Tahin (siehe Glossar S. 201)
1 Handvoll Walnusskerne

Aufwachen in einem Land, in dem Joghurt und Honig fließen – was für eine schöne Vorstellung! Wenn wir vielleicht noch ein bisschen Obst beisteuern dürften? Danke, perfekt. Das Ergebnis schmeckt übrigens nicht nur zum Frühstück, sondern auch zum Dessert.

Am Vorabend die Pflaumen waschen, halbieren und ohne Stein klein schneiden. Die Pflaumenstücke in einer Schüssel mit Honig und Anis verrühren und abgedeckt über Nacht in den Kühlschrank stellen. Am nächsten Morgen den Joghurt mit dem Tahin nicht zu gründlich verrühren – es darf noch Tahin zu sehen sein. Die Mischung auf zwei Schälchen verteilen und die Honig-Anis-Pflaumen daraufgeben. Die Walnüsse in der Hand grob zerbrechen und darüberstreuen.

4 x gut *aufgestrichen*

Frische Ideen fürs Frühstücksbrötchen! Dass es sich Morgen für Morgen als Träger für Wurst, Käse und Marmelade hergeben muss, ist ihm auf Dauer nämlich ein bisschen zu langweilig. Hier kommen ein paar Brotaufstriche, die Abwechslung ins Brötchenleben bringen.

Aprikosen-Feta-Aufstrich

FÜR 200 GRAMM

Zubereitung: 10 Minuten

4 getrocknete Aprikosen
100 g Feta
1 TL Ras el-Hanout (siehe Glossar S. 201)
3 EL Olivenöl
2 TL Schwarzkümmelsamen

Die getrockneten Aprikosen fein würfeln. Den Feta in einem tiefen Teller mit einer Gabel zerdrücken, mit Aprikosenwürfeln, Ras el-Hanout, Öl und Schwarzkümmel verrühren und in ein Gläschen abfüllen. Der Aufstrich hält sich gekühlt ca. 5 Tage.

Potted Cheese

FÜR CA. 300 GRAMM

Zubereitung: 20 Minuten

170 g würziger Schnittkäse
    (z. B. Bergkäse, Cheddar, Gouda;
    auch eine Mischung aus mehreren Sorten)
50 g Blauschimmelkäse (z. B. Gorgonzola oder Stilton)
90 g weiche Butter
3 EL Portwein
1 Prise Cayennepfeffer
2 Prisen frisch geriebene Muskatnuss

Den Schnittkäse fein reiben oder im Blitzhacker zerkleinern. Den Blauschimmelkäse zerbröseln. Beide Käsesorten mithilfe einer Gabel mit der Butter vermengen. Den Portwein unterrühren und die Mischung mit Cayennepfeffer und Muskat abschmecken. Den Potted Cheese in eine Schüssel umfüllen und glatt streichen. Der Aufstrich hält sich gekühlt ca. 2 Wochen.

Lauch-Linsen-Aufstrich

FÜR CA. 400 GRAMM

Zubereitung: 20 Minuten

1 Lauchstange
2 EL neutrales Pflanzenöl
1 TL Currypulver
½ kleiner Apfel
100 g rote Linsen
Salz | schwarzer Pfeffer
1–2 TL Zitronensaft

Den Lauch putzen, der Länge nach aufschneiden, auch zwischen den Blattschichten gründlich waschen und in dünne Scheiben schneiden. Das Öl in einem kleinen Topf erhitzen. Lauch und Currypulver dazugeben und ca. 10 Minuten bei geringer bis mittlerer Hitze anschwitzen.

Inzwischen die Apfelhälfte ohne Kerngehäuse (aber mit Schale) würfeln. Apfel, Linsen und 300 Milliliter Wasser zum Lauch geben und alles bei geringer Hitze ca. 15 Minuten köcheln lassen, bis die Linsen weich sind. Die Mischung mit Salz und Pfeffer würzen und mit dem Pürierstab glatt pürieren. Den Aufstrich mit Salz, Pfeffer und Zitronensaft abschmecken und in ein Glas abfüllen. Er hält sich gekühlt ca. 5 Tage.

Karamell-Erdnuss-Creme

FÜR 300 GRAMM

Zubereitung: 50 Minuten

50 g geröstete, gesalzene Erdnüsse
150 g Zucker
300 ml Sahne
1 Msp. Bourbonvanillepulver
¼ TL Salz

Die Erdnüsse fein hacken. Den Zucker in einem Topf bei mittlerer Hitze schmelzen lassen, dabei nicht umrühren, sondern den Topf nur schwenken. Sobald sich der geschmolzene Zucker erst gelb, dann goldbraun verfärbt, die Sahne zugeben. Achtung, das spritzt! Der Zucker wird jetzt wieder hart – einfach weiter erhitzen und rühren, bis er sich gelöst hat. Vanillepulver und Salz zugeben und die Mischung unter ständigem Rühren bei hoher Temperatur einkochen lassen. Gelegentlich etwas mit einem Teelöffel entnehmen und testen, ob die Karamellmasse beim Abkühlen dickcremig wird. Vorsicht: Karamell ist sehr heiß. Sobald die Karamellcreme die gewünschte Konsistenz hat, den Topf vom Herd ziehen und 10 Minuten abkühlen lassen. Die gehackten Erdnüsse einrühren und die Creme in ein Glas geben. Sie hält sich im Kühlschrank mehrere Wochen.

Maracujacurd

Ein dickes Dankeschön an die Engländer für die Erfindung des Curd-Prinzips! Denn Eier, Butter, Zucker und Frucht ergeben eine wirklich anbetungswürdige Creme, die nicht nur auf Brötchen schmeckt, sondern auch als Füllung von Pfannkuchen und Torten.

Zwei Schraubdeckelgläser mit kochendem Wasser ausspülen und trocknen lassen.

Die Passionsfrüchte halbieren und das Fruchtmark mit einem Teelöffel herauslösen. Es sollte insgesamt 200 Milliliter ergeben. Falls es zu wenig ist, die Orange auspressen und das Maracujafruchtfleisch mit Orangensaft auf 200 Milliliter auffüllen.

Einen Pürierstab ganz kurz in das Fruchtfleisch halten: Es soll sich etwas von den Kernen lösen, ohne dass diese zu sehr zerkleinert werden. Die Masse durch ein feines Sieb streichen. 1 Esslöffel Kerne beiseitestellen, den Rest entsorgen.

Das Fruchtfleisch mit den übrigen Zutaten in einem Topf verrühren und bei sehr geringer Temperatur erhitzen. Dabei ständig rühren, bis die Mischung nach 20–30 Minuten dick wird. Achtung, sie darf nie zu heiß werden, weil sonst das Ei stockt und Klumpen bildet!

Sobald der Maracujacurd dick und streichfähig geworden ist, nach Belieben noch einmal durch das Sieb passieren, um mögliche Eiklümpchen zu entfernen. Die beiseitegestellten Maracujakerne unterrühren, den Curd in die Gläser füllen und sofort verschließen. Den Curd abkühlen lassen und im Kühlschrank aufbewahren. Er hält sich dort 1–2 Wochen.

FÜR 2 GLÄSER À 300 MILLILITER

Zubereitung: 1 Stunde

6 mittelgroße Passionsfrüchte
1 Orange (falls nötig)
125 g Butter
3 Eier (Größe L)
180 g Zucker

Blitz–
Frühstücksbrötchen

Rustikal – so nennt man wohl Gebäck, das beim Schönheitswettbewerb der Bäckerinnung chancenlos wäre. Aber wer will schon vor dem Frühstück preiswürdige Brötchen herstellen? Hauptsache, sie schmecken gut und sind schön knusprig.

FÜR 10 BRÖTCHEN

Zubereitung: 15 Minuten
Gehen: 10 Stunden
Backen: 23 Minuten

350 g Weizenmehl (Type 550)
150 g Roggenmehl (Type 1150)
2 gestrichene TL Salz
20 g frische Hefe (½ Würfel)

AUSSERDEM
Mehl zum Verarbeiten

Am Vorabend beide Mehlsorten mit dem Salz in einer Schüssel vermengen. Die zerbröselte Hefe in 350 Milliliter lauwarmem Wasser auflösen, zum Mehl geben und alles zu einem Teig vermischen. Den Teig mit den Knethaken 5 Minuten kneten. Er bleibt etwas klebrig – das liegt am Roggenmehl und ist nicht schlimm. Bloß kein zusätzliches Mehl dazugeben, sonst wird die Angelegenheit zu trocken! Die Teigschüssel abdecken und den Teig im Kühlschrank über Nacht (mindestens 10 Stunden) gehen lassen.

Am nächsten Morgen ca. 45 Minuten vor dem Frühstück den Backofen auf 220 °C (Umluft 200 °C) vorheizen. Den Teig aus dem Kühlschrank nehmen. Ein Blech mit Backpapier auslegen. Je einen großzügigen Esslöffel Teig mit bemehlten Händen grob rund formen und auf das Backpapier setzen. Auf diese Weise 10 Brötchen formen und mit etwas Mehl bestäuben.

Die Brötchen im heißen Backofen (Mitte) ca. 20 Minuten backen. Dann die Backofenklappe mit einem dazwischengeklemmten Kochlöffelstiel einen Spalt öffnen und die Brötchen weitere 3 Minuten backen. Die fertigen Brötchen herausnehmen, auf einem Kuchengitter abkühlen lassen und zum Frühstück servieren.

Brunch:
die Frühstücksparty

„Sag mal, wann haben wir eigentlich das letzte Mal eine Party gefeiert?"

„Hmm, weiß nicht. Gegenfrage: Wann waren wir das letzte Mal zu einer eingeladen?"

„Ist auch schon eine Weile her. Aber ich hätte Lust, mal wieder was auf die Beine zu stellen."

„Ich hab das Gefühl, dass von unseren Freunden keiner mehr so richtig die Nächte durchfeiert. Alle reden nur noch davon, wie kaputt sie am Wochenende sind."

„Wir müssen doch nicht unbedingt die Nacht durchfeiern. Unsere Party kann ja auch vormittags beginnen."
„Du meinst – Brunch?"

Sonntagmorgenstimmung, gelöste Plaudereien über Kaffeebechern statt Rotweingläsern, ein paar Kinder wuseln zwischen Erwachsenenbeinen herum: Es gibt kaum eine entspanntere Art, sich mal wieder in größerer Runde zu treffen, als ein ausgiebiges Frühstück, das allmählich in Mittagessen und Nachmittagskuchen übergeht.

Damit der Brunch für die Gastgeber genauso entspannt wird wie für die Gäste, ist ein bisschen Vorausplanung nötig. Wählt möglichst viele Gerichte, die sich gut vorbereiten lassen, damit ihr nicht die Einzigen seid, die an diesem Morgen um sechs Uhr aufstehen müssen. Schon am Vorabend könnt ihr Geschirr und Besteck auf dem Buffet bereitstellen – und zwar möglichst mehr als einen Teller, Becher und Löffel pro Gast. Denn die einen möchten nach der Nachtischcreme doch noch ein Stückchen Käse essen, aber dann lieber von einem frischen Teller. Die anderen verlieren zwischendurch den Überblick, welcher Becher ihnen gehört, und nehmen lieber einen neuen. Falls ihr selbst nicht mit genügend Geschirr ausgestattet seid, fragt die Nachbarn (und ladet sie gleich mit ein).

Als Erstes: Kaffee

Wenn ihr ohnehin schon bei den Nachbarn auf der Matte steht, dann erkundigt euch doch gleich, ob sie euch auch mit Thermoskannen aushelfen können. Oberste Gastgeberpflicht bei einem Brunch ist schließlich, den Tee- und Kaffeenachschub zu gewährleisten. Hier haben eindeutig diejenigen

mit einem Kaffeeautomaten die Nase vorn, der den Gästen auf Knopfdruck Kaffee, Cappuccino oder Café au lait ausspuckt. Wer keinen hat, muss regelmäßig kontrollieren, ob noch genügend heißer Tee oder Kaffee vorhanden ist, und gegebenenfalls neuen kochen. Das Nachschubproblem lösen Thermoskannen zwar nicht, aber immerhin sorgen sie dafür, dass die Getränke heiß bleiben. Neben den Heißgetränken die kalten nicht vergessen: Wasser, Orangensaft, gegebenenfalls andere Säfte und Milch.

Und was gehört sonst noch aufs Buffet? Auf jeden Fall Brötchen und Croissants, denn ein Brunch ist schließlich ein ausgedehntes Frühstück. Falls ihr euch am Morgen der Einladung entlasten wollt, dann bittet einen eurer Gäste, die Brötchen mitzubringen: Irgendjemand kommt bestimmt bei einem Bäcker vorbei.

Frühstücksglück für alle

Ansonsten gilt: Beide großen Frühstücksfraktionen, die Süßfrühstücker und die Herzhaftfrühstücker, sollten auf ihre Kosten kommen. Auf der einen Seite stehen also Marmeladen (steckt am besten gleich Löffel in die Gläser, damit nicht zig Messer mit Butter und Krümeln hineinfahren), Nussnougatcreme, viel-

leicht sogar Müsli oder Granola, Milch, Joghurt und frisches Obst – möglichst schon geschnitten oder als Obstsalat.

Auf der anderen Seite besteht die Basis-Auswahl aus Käse- und Aufschnittplatten, vielleicht ein paar Antipasti wie Insalata Caprese oder mariniertes Gemüse, gerne auch geräucherten oder gebeizten Fisch. Traditionell gehören zum Frühstück Eiergerichte. Ihr könnt natürlich gleich einen Schwung Eier weich (oder hart) kochen und unter einem Tuch bereitlegen – dann braucht ihr aber auch Eierlöffel, Salzstreuer und Eierbecher. Außerdem habt ihr nachher vermutlich überall Eierschalen herumliegen. Eine praktischere Lösung sind die Bacon-and-Egg-Törtchen von Seite 48: quasi Rührei mit Speck, aber ohne dass jemand dafür ständig in der Küche stehen muss.

Für den Fall, dass sich der Brunch länger ausdehnt (und das ist der Idealfall), ist es praktisch, eine einfache Suppe als Mittagessen auf den Herd zu stellen. Die lässt sich gut vorbereiten, und es gibt immer Leute, die gegen 13 Uhr Mittagessenhunger verspüren. Dazu kommen ein, zwei Desserts oder sogar Kuchen für den süßen Abschluss. Und sollte sich die Brunchparty doch bis in den Abend ziehen, der mit jeder Stunde, die verstreicht, immer gemütlicher wird – dann, ja dann schadet es sicher nicht, zur Not auch ein paar Flaschen Rotwein parat zu haben.

Zimt-Kardamom-Waffeln

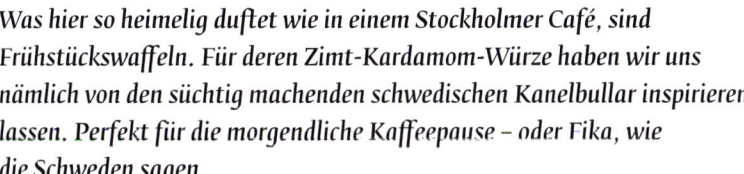

Was hier so heimelig duftet wie in einem Stockholmer Café, sind Frühstückswaffeln. Für deren Zimt-Kardamom-Würze haben wir uns nämlich von den süchtig machenden schwedischen Kanelbullar inspirieren lassen. Perfekt für die morgendliche Kaffeepause – oder Fika, wie die Schweden sagen.

Die Kardamomkapseln mit einem Messer (oder dem Fingernagel) anritzen, die Samenkörner herauslösen und im Mörser grob zerstoßen. In einer Schüssel Butter und Zucker verrühren. Nacheinander die Eier untermischen. Kardamom, Zimt, Salz, die beiden Mehlsorten und die Milch zugeben und alles zu einem Teig verrühren.

Das Waffeleisen vorheizen und die Backflächen mit Butter einpinseln. Aus jeweils 2 gehäuften Esslöffeln Teig in 2–3 Minuten eine Waffel backen. Auf diese Weise den Teig verbrauchen. Die Waffeln nach Belieben mit Früchten und Puderzucker anrichten und sofort mit Schmand oder Joghurt servieren.

FÜR 4 PERSONEN

Zubereitung: 35 Minuten

1 EL Kardamomkapseln
75 g weiche Butter
4 EL Zucker
2 Eier (Größe M)
1 TL gemahlener Zimt
1 Prise Salz
75 g Weizenmehl (Type 405)
50 g Buchweizenmehl
100 ml Vollmilch

AUSSERDEM
Waffeleisen
Butter für das Waffeleisen
Früchte und Puderzucker zum
    Anrichten (nach Belieben)
4 EL Schmand oder griechischer
    Sahnejoghurt zum Servieren

Besonderes Mehl
Das Buchweizenmehl gibt den Waffeln einen schön nussigen Geschmack. Wer keins hat, bereitet sie einfach mit insgesamt 125 g Weizenmehl zu.

Pistazien-Aprikosen-Striezel

Dieser nur leicht süße, dafür aber umso fruchtigere Hefezopf hat das perfekte Format für einen Sonntag zu zweit: einen Teil zum Frühstück, einen Teil zum Nachmittagskaffee. Das Rezept lässt sich für einen Brunch mit Gästen aber problemlos verdoppeln.

FÜR 1 KLEINEN ZOPF

Zubereitung: 35 Minuten
Gehen: 1 Stunde 10 Minuten
Backen: 20–25 Minuten

FÜR DEN TEIG

250 g Weizenmehl (Type 550)
1 EL Zucker
10 g frische Hefe (¼ Würfel)
100 ml lauwarme Vollmilch
(plus weitere Milch falls nötig)
1 Prise Salz
1 Ei (Größe M)
25 g weiche Butter

FÜR DIE FÜLLUNG

100 g Pistazienkerne
60 g getrocknete Aprikosen
¼ TL gemahlener Zimt
50 ml Milch

AUSSERDEM

Mehl zum Verarbeiten

Für den Teig das Mehl in eine Schüssel füllen und eine Mulde hineindrücken. In die Mulde Zucker und zerbröselte Hefe geben. Die Hälfte der lauwarmen Milch hineingießen und mit etwas Mehl vom Rand zu einem Vorteig verrühren. Den Vorteig abgedeckt 10 Minuten gehen lassen.

Salz, Ei, Butter in Flöckchen und den Rest der Milch zugeben und alles zu einem Teig vermischen. Falls er zu fest ist, noch 1–2 Esslöffel Milch zufügen. Den Teig mit den Knethaken 5 Minuten kneten, dann abdecken und an einem warmen Ort ca. 1 Stunde gehen lassen, bis er sein Volumen deutlich vergrößert hat.

In der Zwischenzeit für die Füllung die Pistazien mahlen. Die getrockneten Aprikosen sehr fein würfeln und mit dem Zimt zu den Pistazien geben. Die Mischung zwischen den Fingern zerkrümeln, sodass die Aprikosenstücke nicht zusammenklumpen. Die Milch erhitzen und heiß über die Pistazien-Aprikosen-Mischung gießen. Alles zu einer Paste verrühren.

Den Backofen auf 180 °C (Umluft 160 °C) vorheizen. Ein Backblech mit Backpapier auslegen. Den Teig auf der bemehlten Arbeitsfläche kurz durchkneten und zu einem Rechteck (ca. 30 x 25 Zentimeter) ausrollen. Die Pistazienfüllung am besten mit einer Teigkarte darauf verstreichen. Falls die Masse zu fest ist, 1 Esslöffel heißes Wasser unterrühren.

Den Teig von der längeren Seite aus aufrollen und die Rolle mit einem scharfen Messer der Länge nach halbieren. Die beiden Stränge auf dem Blech mit den Schnittkanten nach außen umeinanderwickeln und die Teigenden unterschlagen. Den Striezel im Backofen (Mitte) in 20–25 Minuten goldbraun backen, herausnehmen und auf einem Kuchengitter abkühlen lassen.

Kokospfannkuchen

FÜR 2 PERSONEN

Zubereitung: 30 Minuten

Dieser exotische Frühstücksgruß stammt aus Sri Lanka, wo sich Kokospalmen über Strände neigen und Kardamom am Wegrand wächst. Dort isst man die Pfannkuchen übrigens auch gerne zum Dessert.

FÜR DEN TEIG
2 Eier (Größe M)
50 g Weizenmehl (Type 405)
200 ml Vollmilch
1 Prise Salz

FÜR DIE FÜLLUNG
40 g Kokosflocken
2 EL Rohrohrzucker
1 Prise gemahlener Zimt
1 Prise gemahlene Nelken
1 Prise gemahlener Kardamom
1 EL Zitronensaft

AUSSERDEM
neutrales Pflanzenöl zum Braten

Für den Teig alle Zutaten verquirlen und 20 Minuten quellen lassen. In der Zwischenzeit alle Zutaten für die Füllung mit 150 Milliliter Wasser in einen Topf geben, aufkochen und bei mittlerer Hitze 5–7 Minuten offen köcheln lassen, bis die Flüssigkeit vollständig verdampft ist.

Etwas Öl in einer Pfanne erhitzen und die Hälfte des Pfannkuchenteigs hineingeben. Den Pfannkuchen von beiden Seiten je 3 Minuten backen, dann herausnehmen, die Hälfte der Kokosfüllung darauf verteilen und den Pfannkuchen aufrollen. Den zweiten Pfannkuchen ebenso backen und füllen.

Eier im *Glas*

Alle Traditionalisten, für die aufs Frühstücksei Salz und nichts als Salz gehört, müssen jetzt ganz stark sein, denn hier wird's bunt ums Ei! Wer alle drei Ideen gleichzeitig ausprobieren möchte, kocht sechs Eier und lädt Frühstücksgäste ein.

Die Eier auf der Unterseite anpiksen und in **5–7 Minuten** bis zur gewünschten Härte kochen. Die fertigen Eier kurz abschrecken und pellen.

Während die Eier kochen, eine der Würz-und-Garnier-Varianten zubereiten:

Für Asia-Eier die Frühlingszwiebel waschen, putzen und in feine Ringe schneiden. Die Ringe auf zwei Gläser verteilen. Misopaste, Zucker und 1 EL heißes Wasser verrühren. Die Sesamsamen nach Belieben in einer kleinen Pfanne ohne Fett anrösten. Das Stück Noriblatt in kleine Stücke zerreißen (oder mit der Schere klein schneiden). Die gepellten, noch heißen Eier auf die Frühlingszwiebelringe in die Gläser setzen, mit der Misosauce beträufeln und mit Sesam und Nori bestreuen. Sofort servieren.

Für nordische Eier Senf und Honig verrühren und auf zwei Gläser verteilen. Die Eier daraufsetzen und mit dem Forellenkaviar garnieren. Den Schnittlauch waschen, trocken schütteln, in feine Ringe schneiden und die Eier damit bestreuen.

Für pikante Eier Ajvar oder Biber salçası mit der Crème fraîche verrühren und auf zwei Gläser verteilen. Die Eier daraufsetzen. Kapernäpfel in Scheiben schneiden bzw. Kapern grob hacken und auf die Eier geben. Den Dill waschen, trocken schütteln und zerzupfen. Die Eier damit garnieren.

FÜR 2 PERSONEN

Zubereitung: 10 Minuten

2 Eier (Größe M oder L)

FÜR ASIA-EIER
½ Frühlingszwiebel
1 TL dunkle Misopaste (Genmai-
   Miso, siehe Glossar S. 201)
½ TL Zucker
2 TL Sesamsamen
1 Stück von einem Noriblatt
   (Asienladen, nach Belieben)

FÜR NORDISCHE EIER
1 TL körniger Senf
½ TL Honig
2 TL Forellenkaviar
5 Stängel Schnittlauch

FÜR PIKANTE EIER
1 TL Ajvar (oder Biber salçası,
   siehe Glossar S. 200)
½ TL Crème fraîche
6 Kapernäpfel oder
   1 gehäufter TL Kapern
1 Stängel Dill

Menemen

Hurra, etwas Herzhaftes! Dieses türkische Rührei mit allem Drum und Dran ist die beste Basis für den Start in einen Tag, an dem wir noch viel vorhaben. Wer es lieber vegetarisch möchte, lässt die Wurst einfach weg.

FÜR 2 PERSONEN

Zubereitung: 25 Minuten

1 rote Zwiebel

75 g Sucuk
    (türkische Knoblauchwurst,
    türkischer Laden)

200 g Kirschtomaten

3 hellgrüne türkische Spitzpaprika

4 Stängel glatte Petersilie

1 EL Olivenöl

4 Eier (Größe L)

Salz

Pul Biber (siehe Glossar S. 201,
    ersatzweise Chiliflocken)

Die Zwiebel schälen und in Ringe schneiden. Die Wurst häuten und fein würfeln. Die Tomaten waschen und halbieren. Die Spitzpaprika halbieren, Stiel, Kerne und Scheidewände entfernen, die Paprika waschen und in fingerbreite Streifen schneiden. Die Petersilie waschen, trocken schütteln, die Blättchen abzupfen und grob schneiden.

In einer Pfanne das Olivenöl erhitzen. Zwiebelringe und Wurstwürfel darin bei mittlerer Hitze ca. 5 Minuten anbraten. Tomaten und Paprikastreifen zugeben und ca. 7 Minuten mitbraten.

Gemüse und Wurst an den Rand der Pfanne schieben. Die Eier in eine Schüssel aufschlagen, verquirlen und mit Salz und Pul Biber würzen. Die Eimasse in die Pfannenmitte geben. Mit einem Pfannenwender das gestockte Ei immer wieder vom Rand in die Mitte schieben und auf diese Weise ein nicht zu trockenes Rührei braten.

Das Rührei ganz zum Schluss mit Gemüse und Wurst mischen und noch einmal mit Salz und Pul Biber abschmecken. Zum Servieren die Petersilie über das Menemen streuen. Dazu passt türkisches Fladenbrot.

French Toast
mit Räucherlachs

Der Arme Ritter hat die Lanze ausnahmsweise gegen eine Angel eingetauscht und einen beachtlichen Fang mit nach Hause gebracht. Ab in die Pfanne damit!

Falls das Brot eine sehr harte Rinde hat, diese abschneiden. Den Dill waschen, gut trocken tupfen und hacken, dabei nach Belieben ein paar Spitzen zum Garnieren beiseitelegen. Den gehackten Dill mit Frischkäse und Senf verrühren und die Brotscheiben damit bestreichen. Zwei der Scheiben mit Lachs belegen, die beiden anderen Scheiben darauflegen und gut andrücken.

In einer flachen Schale Ei und Milch verquirlen und die Sandwiches darin wenden, bis sie die gesamte Eiermilch aufgesogen haben. Die Butter in einer Pfanne schmelzen lassen und die Sandwiches darin bei mittlerer Hitze von jeder Seite in 2–3 Minuten goldbraun braten. Die French Toasts diagonal halbieren und nach Belieben mit den Dillspitzen garnieren.

FÜR 2 PERSONEN

Zubereitung: 15 Minuten

4 Scheiben Weißbrot, Toastbrot
  oder Sandwichbrot
1 Stängel Dill
1 EL Frischkäse
1 EL körniger Senf
2 Scheiben Räucherlachs
1 Ei (Größe M)
4 EL Vollmilch
½ EL Butter

Bacon-and-Egg-
Törtchen

FÜR 12 STÜCK

Zubereitung: 30 Minuten

3 quadratische Platten
 TK-Blätterteig (ca. 150 g)
100 g Frühstücksspeck (Bacon)
3 Eier (Größe L)
150 g Ricotta
Salz | schwarzer Pfeffer

AUSSERDEM
1 Muffinblech mit 12 Mulden
Fett für das Muffinblech
Mehl zum Verarbeiten

Beim Brunch ständig in der Küche stehen und für alle Gäste Rührei und Speck zubereiten? Nö. Diese herzhaften kleinen Törtchen lassen sich nämlich prima vorbereiten, bevor der Ansturm aufs Brunchbuffet losgeht. Sie schmecken lauwarm oder kalt, am besten aber am Backtag.

Den Blätterteig auf der Arbeitsplatte auslegen und 10 Minuten antauen lassen. Die Mulden des Muffinblechs fetten. Den Backofen auf 200 °C (Umluft 180 °C) vorheizen.

Den Bacon in feine Streifen schneiden und in einer beschichteten Pfanne ohne Fett bei geringer bis mittlerer Hitze ca. 10 Minuten auslassen. Die Eier trennen. Die Eiweiße steif schlagen. In einer zweiten Schüssel Eigelbe und Ricotta verrühren.

Die Blätterteigplatten vierteln, sodass 12 Quadrate entstehen. Jedes Quadrat auf der bemehlten Arbeitsfläche etwas größer ausrollen und je eine Mulde des Muffinblechs damit auslegen. Die Enden sollen zipflig hochstehen.

Den Speck mitsamt ausgelassenem Fett in die Eigelb-Ricotta-Masse rühren. Den Eischnee unterheben und die Mischung mit Pfeffer würzen. Falls nötig auch Salz zugeben, aber der Speck ist in der Regel salzig genug.

Die Masse gleichmäßig auf die Mulden des Muffinblechs verteilen und die Törtchen im Ofen (Mitte) 15–18 Minuten backen, bis die Füllung fest und der Blätterteig goldbraun ist. Herausnehmen, kurz abkühlen lassen und aus dem Blech lösen.

Dinner
für zwei

Mangold-Linsen-*Eintopf*

FÜR 2 PERSONEN

Garen: 30 Minuten

1 Zwiebel

1 Knoblauchzehe

2 EL Olivenöl

1 TL gemahlener Kreuzkümmel
  (Cumin)

150 g Berglinsen

300 g Mangold

2 Merguez-Würstchen
  (siehe Glossar S. 200,
  alternativ Kalbsbratwurst)

2–3 EL Sumach
  (siehe Glossar S. 201,
  alternativ Zitronensaft)

Salz

Pul Biber (siehe Glossar S. 201)

2 EL Naturjoghurt

Linsen sind die alltagstauglichsten Hülsenfrüchte überhaupt, weil sie vor dem Kochen nicht erst langwierig eingeweicht werden müssen. Perfekt für die schnelle Endlich-Feierabend-Küche!

Zwiebel und Knoblauch schälen. Die Zwiebel würfeln, den Knoblauch fein hacken.

In einem Topf das Öl erhitzen. Zwiebel und Knoblauch darin 3 Minuten bei mittlerer Hitze anschwitzen. Den Kreuzkümmel darüberstäuben, kurz mit anbraten, dann die Linsen zugeben und die Mischung mit 750 Milliliter Wasser aufgießen. Alles einmal aufkochen und zugedeckt 30 Minuten bei geringer Hitze köcheln lassen, bis die Linsen weich sind, aber noch Biss haben.

In der Zwischenzeit den Mangold putzen und waschen. Die Blätter von den Stielen schneiden. Die Stiele in feine Scheiben, die Blätter in fingerbreite Streifen schneiden. Nach 20 Minuten die Mangoldstiele zu den Linsen geben und mitkochen. Das Brät der Merguez-Würstchen aus dem Darm drücken und zu kirschgroßen Bällchen formen (falls das nicht funktioniert, die Würste einfach in Scheiben schneiden). Diese Wurstklößchen (oder -scheiben) nach 25 Minuten Garzeit mit Mangoldblättern und 2 Esslöffeln Sumach unterrühren und alles weitere 5 Minuten garen.

Den Eintopf mit Salz, Pul Biber und nach Belieben mehr Sumach abschmecken, auf Teller verteilen und jede Portion mit 1 Klecks Joghurt servieren.

Spätzle-Sauerkraut-Pfanne mit Pilzen

Huh, ganz schön mieselgrieselgrau und kalt draußen! Wie gut, dass wir's hier drinnen warm haben. Dieses deftige Abendessen erhöht den Kuschelfaktor noch zusätzlich.

Die getrockneten Pilze in 100 Milliliter warmem Wasser einweichen. Die Zwiebel schälen und würfeln. Die Kräuterseitlinge putzen, falls nötig mit Küchenpapier abreiben und längs in dünne Scheiben schneiden. Die Butter in einer großen Pfanne schmelzen lassen und die Pilzscheiben darin ca. 5 Minuten bei mittlerer bis hoher Temperatur anbraten, bis sie an den Rändern leicht bräunen, dann herausnehmen.

Die getrockneten Pilze abgießen und das Einweichwasser auffangen. Die eingeweichten Pilze grob hacken. Das Öl in derselben Pfanne erhitzen und die Zwiebelwürfel darin ca. 3 Minuten bei mittlerer Hitze anschwitzen. Trockenpilze mitsamt Einweichwasser sowie Sauerkraut zugeben und alles ca. 5 Minuten bei mittlerer Hitze heiß werden lassen.

In der Zwischenzeit den Käse grob reiben. Das Sauerkraut mit Schmand und Spätzle verrühren und mit Salz und Pfeffer würzen. Die Hälfte der Käsemenge unterheben, die andere Hälfte darüberstreuen. Die gebratenen Pilzscheiben auf die Oberfläche legen und warm werden lassen, während der Käse schmilzt. Die Sauerkraut-Spätzle-Pfanne nach Belieben mit Petersilienblättchen garnieren und sofort servieren.

FÜR 2 PERSONEN

Zubereitung: 30 Minuten

10 g getrocknete Steinpilze
1 Zwiebel
100 g Kräuterseitlinge
1 EL Butter
1 EL Öl
300 g Sauerkraut
   (frisches oder aus der Dose)
100 g würziger Käse (Bergkäse
oder geräucherter Scamorza)
100 g Schmand
300 g frische Spätzle (Kühlregal)
Salz | schwarzer Pfeffer

AUSSERDEM
Petersilienblättchen zum
   Garnieren (nach Belieben)

Überraschung
für dich!

„Noch drei Tage bis zum Wochenende! Oh Mann, diese Woche zieht sich wie Kaugummi."

„Ja, ich hab auch gerade das Gefühl, ich stecke im Alltagssumpf fest."

„Na ja, hilft ja nichts. Da müssen wir wohl durch."

„Oder ... oder wir erklären morgen zu einem privaten Feiertag, machen am Nachmittag früh Schluss und unternehmen was Schönes."

„Was denn für ein Feiertag?"

„Lass mal überlegen ... Der Erstes-Mal-zusammen-kochen-Jahrestag. Könnte doch hinkommen, oder?"

Ein Jahr ohne Höhepunkte, 365-mal Alltag – was für eine grauenhafte Vorstellung! Wenn wir keine Feste und Feiertage hätten, die das Montag-bis-Freitag-Einerlei etwas auflockern, sähe das Leben ganz schön trüb aus. Auch eine Beziehung kann im Ewiggleichen ersticken, wenn wir ihr nicht gelegentlich mal einen Feiertag gönnen – ein kleines Ausbrechen aus dem Alltag, in dem wir uns Zeit füreinander nehmen und uns mal wieder klarmachen, warum der oder die andere der wichtigste Mensch im Leben ist.

Feiertage ohne Blumenzwang

An dieser Stelle dürfen wir uns jetzt den Chor der Floristinnen und Pralinenverkäufer vorstellen, der da ruft: Es gibt doch den Valentinstag! Ja, stimmt. Zwar weiß keiner so ganz genau, was die Enthauptung eines christlichen Märtyrers namens Valentin mit dem Glück aller Liebenden (und der Grußkartenindustrie) zu tun hat, aber gut. Seien wir dankbar, dass zwischen dem Tag des Butterbrots und dem Tag der Deutschen Einheit zumindest ein Tag der Liebe gewidmet ist.

Allerdings scheint dieser eine Tag im Jahr im Vergleich mit 364 anderen doch ein wenig bescheiden. Vielleicht basteln wir uns einfach noch zusätzliche Paarfeiertage. Heißt es nicht, man solle Feste feiern, wie sie einem einfallen? Und wer sagt denn, dass der Valentinstag für die eigene Beziehung maßgeblicher ist als zum Beispiel der Jahrestag
• des ersten Kusses?
• des Tages, an dem er sich eine zweite Zahnbürste

kaufte und in ihrem Badezimmer
deponierte?

• des Moments, als sie der Clique mit den
Worten „Das ist meine Freundin!"
vorgestellt wurde?

• der ersten gemeinsamen Unterschrift
unter einen Mietvertrag?

Wer nun allerdings den Kalender mit
lauter privaten Gedenktagen füllt und mit
jedem umkringelten Datum Blumen- und
Geschenkerwartungen verknüpft, bei dem
dürften Enttäuschungen vorprogrammiert
sein. Schließlich ist schon der verschwitzte
Hochzeitstag der Stoff, aus dem viele Pärchendra-
men gemacht sind. Nein, in erster Linie kann ein
solcher Kringel im Kalender ein Anstupser sein, dem
Lieblingsmenschen mal wieder zu zeigen, was er uns
bedeutet.

Sag's mit Gesten

Was zählt, sind nicht die großen Geschenke, sondern
die kleinen, liebevollen Überraschungen: die abend-
liche Begrüßung mit einem Cocktail. Das Kochen des
Lieblingsgerichts. Der Tee ans Bett oder die Praline
auf dem Frühstücksteller. Der kleine Liebesbrief in
der Butterbrotdose fürs Büro. Und natürlich selbst
gebackener Kuchen.

Der muss gar nicht in Herzchenform daherkommen
oder mit rosa Zuckerguss verziert sein, um seinen
Zweck zu erfüllen (wobei beides natürlich nicht
ausgeschlossen ist). Schon ein schlichter Kuchen

sagt: Du bist es mir wert. Denn anders als Kochen ist
Backen etwas, das man selten für sich allein tut.
Je simpler diese Aufmerksamkeiten, desto besser
lassen sie sich geheim halten und desto größer fällt
nachher der Überraschungseffekt aus. Aber am
wirkungsvollsten ist es immer noch, dem anderen
das zu schenken, was bei den meisten von uns das
kostbarste Gut ist: Zeit. Zeit für ungestörtes Miteinander. Zeit, in der sich Gespräche einmal um
anderes drehen dürfen als um die hundert kleinen
Angelegenheiten des Alltags von der Autoreparatur
bis zur Steuererklärung. Zeit für kleine Höhepunkte
im Paarleben. Egal ob der Rahmen dafür ein gemeinsames Essen im Lieblingsrestaurant oder ein
Candle-Light-Dinner in den eigenen vier Wänden
ist: Solche Momente, von denen beide lange zehren,
halten eine Beziehung lebendig.

Kohlrabicurry
mit Joghurt

Zubereitung: 30 Minuten

FÜR DAS CURRY
2 mittelgroße Kohlrabi
15 g frischer Ingwer
2 Knoblauchzehen
1 EL Ghee
  (siehe Glossar S. 200,
  ersatzweise Pflanzenöl)
1 TL gemahlener Koriander
½ TL gemahlener Kreuzkümmel
  (Cumin)
½ TL gemahlene Kurkuma
1 Prise Cayennepfeffer
200 g Blattspinat (TK)
Salz
150 g Naturjoghurt

FÜR DAS FINISH
1 TL Ghee (siehe Glossar S. 200)
1 EL schwarze Senfkörner
  (Asienladen)
Garam Masala
  (indische Gewürzmischung)
  zum Bestreuen (nach Belieben)

Wer hätte gedacht, dass der gute alte bodenständige Kohlrabi beim Ausflug in exotische Küchen eine so hervorragende Figur macht? Von dort bringt er den Duft der großen weiten Gewürzwelt mit – gut für die Feierabendstimmung!

Die Kohlrabi schälen und 1–2 Zentimeter groß würfeln. Junge Kohlrabiblätter (falls welche vorhanden sind und sie frisch aussehen) waschen und in feine Streifen schneiden. Ingwer und Knoblauch schälen, fein würfeln und im Mörser zu einer Paste zerstoßen (oder die Würfel durch die Knoblauchpresse drücken).

Das Ghee in einem Topf erhitzen. Die Gewürze darin mit der Ingwer-Knoblauch-Paste bei geringer bis mittlerer Hitze ca. 1 Minute anschwitzen. Kohlrabi mitsamt Blättern, gefrorenen Spinat und 50 Milliliter Wasser zugeben, alles umrühren, salzen und ca. 10 Minuten bei mittlerer Hitze zugedeckt köcheln lassen. Dabei zwischendurch immer wieder umrühren.

Inzwischen in einer kleinen Pfanne das Ghee erhitzen und die Senfkörner darin anbraten, bis sie anfangen zu springen. Die Pfanne vom Herd nehmen.

Nach 10 Minuten sollte der Spinat aufgetaut und der Kohlrabi noch knackig sein. Wer ihn weicher möchte, köchelt ihn weitere 5 Minuten. Das fertige Gemüse vom Herd nehmen und den Joghurt unterrühren (jetzt darf es nicht mehr kochen, sonst flockt der Joghurt aus). Das Gemüse noch einmal mit Salz abschmecken, auf Teller oder Schalen verteilen und das Ghee mit den Senfkörnern darübergeben. Nach Belieben mit Garam Masala bestreuen. Dazu schmeckt Basmatireis.

Mediterrane
Schmorgurken

Wer Gurken bisher nur im Salat (und im Gin) kannte, darf jetzt umdenken: Geschmort entwickelt das grüne Gemüse nämlich erstaunlich viel Aroma – so viel, dass es sich sogar bestens mit intensiven Kräutern kombinieren lässt.

Knoblauch und Zwiebel schälen und fein würfeln. Die Gurke schälen, längs halbieren, das glasige Innere mit den Samen mithilfe eines Teelöffels herausschaben und das Fruchtfleisch ca. 3 Zentimeter groß würfeln. Die Tomaten waschen und ohne Stielansatz grob würfeln. Die Oreganoblättchen waschen, trocken schütteln und grob hacken.

In einem weiten Topf das Öl erhitzen. Knoblauch und Zwiebel darin in ca. 3 Minuten glasig anschwitzen. Gurke und Tomaten zusammen mit Oregano und 2 Esslöffeln Aceto balsamico zugeben, alles mit Salz, Pfeffer und Zucker würzen und zugedeckt bei mittlerer Hitze ca. 20 Minuten schmoren lassen, bis die Gurkenstücke glasig und die Tomaten zerfallen sind.

Inzwischen das Basilikum waschen, trocken schütteln und die Blättchen etwas zerzupfen. 5 Minuten vor Garzeitende die Kapern zum Gemüse geben. Das fertige Gemüse mit Salz, Pfeffer und evtl. 1 Esslöffel Aceto balsamico abschmecken und mit dem Basilikum bestreut servieren.

Dazu schmecken geröstetes Baguette oder in der Pfanne gebratener Halloumi (Grillkäse).

FÜR 2 PERSONEN

Zubereitung: 30 Minuten

1 Knoblauchzehe
1 Zwiebel
1 große Salatgurke (oder
   1 mittelgroße Schmorgurke)
3 Tomaten
1 Handvoll frische
   Oreganoblättchen
2 EL neutrales Pflanzenöl
ca. 3 EL Aceto balsamico
Salz | schwarzer Pfeffer
1 TL Zucker
4 Stängel Basilikum
2 EL Kapern (aus dem Glas)

Pasta mit scharfem *Grünspargel*

FÜR 2 PERSONEN

Zubereitung: 30 Minuten

500 g grüner Spargel
3 Knoblauchzehen
½ Bund glatte Petersilie
40 g Rauchmandeln
200 g Fettuccine
Salz
4 EL Olivenöl
1 TL Pul Biber
    (siehe Glossar S. 201,
    ersatzweise Cayennepfeffer –
    vorsichtig dosieren!)
100 g Ziegenfrischkäse

Lange genug hat sich Spargel in buttriger oder sahniger Begleitung von seiner sanften Seite gezeigt. Denn er kann auch anders! In diesem Pastagericht mischt er den Feierabend mit einem ordentlichen Schärfekick auf. Schließlich gibt es Aufregenderes, als gemeinsam vor dem Fernseher zu versacken.

Den Spargel waschen, im unteren Drittel schälen und die Enden abschneiden. Die Stangen in ca. 5 Zentimeter lange Stücke schneiden. Den Knoblauch schälen und in feine Scheiben schneiden. Die Petersilie waschen, trocken schütteln, die Blättchen abzupfen und fein hacken. Die Rauchmandeln ebenfalls hacken.

Die Fettuccine in reichlich Salzwasser nach Packungsanweisung al dente kochen. In der Zwischenzeit das Olivenöl in einer Pfanne erhitzen. Den Knoblauch darin ca. 1 Minute anschwitzen, dann Spargel und Pul Biber zugeben. Den Spargel bei mittlerer Hitze ca. 10 Minuten braten. Zum Schluss die Petersilie untermischen.

Die Pasta abgießen, mit dem Ziegenfrischkäse vermischen und auf Teller verteilen. Den Spargel darübergeben und alles mit den Rauchmandeln bestreuen.

Scharf nach Wahl
Natürlich schmeckt dieses Pastagericht auch mit frischer Chili. Allerdings sieht man den Schoten von außen selten an, wie viel Feuer sie nun tatsächlich haben, und da allzu viel Schärfe in diesem Rezept den edlen Spargel erschlagen würde, ist das Würzen mit getrockneten Scharfmachern die vorsichtigere Variante.

Rezept
für die Liebe

„Mmh, Spargel! Oh, und
Champagner und brennende
Kerzen ...
Sag mal, hast du heute noch was
vor mit mir?"

„Wäre das so schlimm?"

„Nein, natürlich nicht – im
Gegenteil! Also los, verführ mich!"

„Setz dich schon mal.
Das Selleriesüppchen ist
gleich fertig."

Spargel, Austern, Sellerie und exotische Gewürze: Kann man das Rezept für prickelnde Abende und lustvolle Nächte wirklich so einfach auf den Einkaufszettel schreiben? Vielleicht nicht, aber einige Lebensmittel haben nun mal ihren Ruf als Aphrodisiaka weg, und es wird wohl immer irgendjemanden geben, der bei der Erwähnung von Austern anzüglich grinst.

Die Liebeszaubermittel der Aphrodite

Vielleicht ist das kein Wunder, schließlich wurden diese Zutaten jahrhundertelang als Liebeshelfer betrachtet. Bei einigen von ihnen knüpfte sich der Glaube an die Lust und Ausdauer fördernde Wirkung schlicht an gewisse Ähnlichkeiten: Du bist, was du isst – beziehungsweise: Du wirst es werden. So viel zu Spargelstangen und Stangensellerie – das gemeinsame Thema dürfte klar sein, und wer Austern mit etwas Fantasie ansieht ... Genau.

Zum anderen waren viele als besonders liebeswirksam betrachtete Lebensmittel teuer, und was viel Geld kostet – so die Annahme –, muss schließlich auch besonders mächtig und wirkungsvoll sein. Deshalb gerieten auch exotische Gewürze wie Pfeffer und Vanille in den Ruf, als Zaubermittel für Lust und Liebe zu sorgen. Und wer weiß, vielleicht tat der Glaube sogar Wirkung – schließlich ist ein Placebo oft die beste Medizin. Doch dann traten Aufklärung und moderne Forschung auf den Plan, und der Zauber verflog.

Obwohl: nicht ganz. Denn bei einigen Lebensmitteln lässt sich offenbar eine gewisse anregende Wirkung selbst unter nüchternen Laborbedingungen nachweisen: Schokolade und Safran gehören dazu. Und bei Chili und anderen scharfen Dingen haben Forscher einen Effekt beobachtet, der vielleicht nicht auf geradem Weg ins Schlafzimmer führt, aber immerhin für positive Stimmung sorgt: das Pepper High. Schärfe ist eigentlich ein Schmerzreiz, auf den der Körper durch die Ausschüttung schmerzlindernder, euphorisierender Hormone reagiert. Die können nach dem Genuss eines feurigen Chilis durchaus dafür sorgen, dass sich eine gewisse Leichtigkeit im Kopf einstellt – nicht die schlechtesten Voraussetzungen für ein romantisches Dinner!

Romantik jenseits aller Formeln

Ließen sich Lust und Liebe schlicht auf ein paar chemische Formeln reduzieren, dann wäre sicher manches einfacher. Aber was nützt die schärfste Chili, wenn das Objekt der erotischen Begierde beim Essen ständig aufs Smartphone starrt? Und alle Schokolade der Welt führt nicht ins Bett, wenn der Anblick der vom Kochen verwüsteten Küche beim Partner den Blutdruck in die Höhe treibt.

Insofern: Ein romantischer Abend steht und fällt nicht mit einer ausgeklügelten Menüfolge, sondern mit dem Drumherum. Nehmt euch mal wieder richtig Zeit füreinander – und schaltet im Zweifel sogar sämtliche Telefone aus. Hauptsache, ihr sorgt für einen liebevollen Rahmen: Das können Kerzen, Blumen und die gemeinsame Lieblingsmusik sein, muss aber nicht. Schafft einfach die Atmosphäre, in der ihr euch beide wohlfühlt.

Und dann kocht etwas Schönes – und das heißt: bitte nichts, was eure gesamte Energie und Konzentration erfordert. Wenn nämlich der Küchenchef des Abends ständig aufspringt, weil der nächste Gang vorbereitet werden muss, weil jederzeit die Sauce gerinnen oder das Soufflé zusammenfallen könnte – dann kann sich kaum die entspannte, gelöste Stimmung einstellen, die eine lustvolle Fortsetzung des Abends ein bisschen wahrscheinlicher macht.

Lasst euch ganz und gar darauf ein, das gemeinsame Essen zu genießen, und zwar mit Augen, Nase und Zunge. Der Begriff „sinnlich" hat nicht zufällig etwas mit unseren Wahrnehmungsorganen zu tun! Je bewusster ihr sämtliche Sinne anregen lasst, desto leichter fällt der Schritt von der Anregung zur Erregung. Genießt den Duft der Gewürze! Lasst die Bissen langsam auf der Zunge zergehen und nehmt nicht nur den Geschmack wahr, sondern auch das Mundgefühl: Knuspriges, Weiches, Elastisches, Warmes und Kaltes. Aber vor allem: Seht euch in die Augen und lächelt euch an. Denn das ist das beste Aphrodisiakum überhaupt.

Garnelen mit
Tomate und Safran

*Die Kombi von Tomaten und Safran verbreitet pures Mittelmeerflair.
Wer mag, kann natürlich auch ungeschälte Garnelen verwenden und sie erst
fertig gegart auf dem Teller schalen – das steigert das Urlaub-im-Süden-
Gefühl noch weiter.*

Den Safran im Mörser zerreiben. Die Tomaten waschen und ohne
Stielansätze grob würfeln. Die Selleriestange (falls verwendet) waschen,
putzen, gegebenenfalls von Fäden befreien und in dünne Scheiben
schneiden. Den Knoblauch schälen und ebenfalls in Scheiben
schneiden. Die Garnelen falls nötig am Rücken einschneiden und
den schwarzen Darmfaden mit der Messerspitze herausziehen.

Das Olivenöl in einer Pfanne erhitzen und den Knoblauch darin
bei mittlerer Hitze ca. 2 Minuten anschwitzen. Tomaten, Sellerie,
Safran und Wermut zugeben, alles mit Salz und Pfeffer würzen und
ca. 5 Minuten bei mittlerer Hitze vor sich hin schmoren lassen.
Die Garnelen auf die Oberfläche legen, 1 Minute garen, wenden und
von der anderen Seite ebenfalls 1 Minute garen, bis sie nicht mehr
glasig aussehen. Die Garnelen sofort servieren. Dazu passt Weißbrot.

FÜR 2 PERSONEN ALS VORSPEISE

Zubereitung: 20 Minuten

1 Döschen Safran (0,1 g)
300 g aromatische Tomaten
1 Stange Staudensellerie
   (nach Belieben)
2 Knoblauchzehen
200 g geschälte, rohe
   Riesengarnelen
4 EL Olivenöl
2 EL Wermut (z. B. Noilly Prat)
Salz | schwarzer Pfeffer

Garnelen ohne schlechtes Gewissen

*Die Aquakulturen in Südostasien, aus denen die meisten unserer Garnelen stammen, haben einen schlechten
Ruf: Verschmutztes Wasser verursacht riesige Umweltprobleme, die Tiere leben in drangvoller Enge, und damit
sich Krankheiten nicht ausbreiten können, werden vorbeugend Antibiotika verabreicht. Zum Glück gibt es
inzwischen immer mehr Bestrebungen, daran etwas zu ändern. Das Siegel „ASC" (Aquaculture Stewardship
Council) bürgt dafür, dass die Garnelen aus nachhaltiger Zucht stammen, genau wie Tiefkühlprodukte der
Marke „Followfish". Wer sie kauft, kann die köstlichen Meerestiere mit gutem Gewissen genießen.*

Artischocken
mit Dips

FÜR 2 PERSONEN ALS VORSPEISE

Zubereitung: 20 Minuten
Garen: 30–40 Minuten

FÜR DIE ARTISCHOCKEN
2 große Artischocken
1 EL Zitronensaft

FÜR DIE HIMBEERVINAIGRETTE
50 g Himbeeren
   (frisch oder TK, angetaut)
1 TL Dijonsenf
2 EL Aceto balsamico
3 EL aromatisches Olivenöl

FÜR DEN SARDELLENDIP
2 EL Mayonnaise (aus dem Glas
   oder selbst gemacht, siehe Tipp)
2 EL Joghurt
3–4 Sardellenfilets (in Öl oder Salz)
½ Bund Schnittlauch

AUSSERDEM
Salz | schwarzer Pfeffer

Eigentlich würde ein Dip für zwei Artischocken ja völlig reichen, und natürlich könnt ihr euch einfach einen aussuchen. Aber erstens schmecken beide toll, und zweitens darf man eine sommerliche Delikatesse wie die Riesendistelblüte ruhig gebührend feiern. Warum also nicht zweimal kurz hintereinander Artischocken genießen?

Den Stiel der Artischocken abbrechen, nicht abschneiden, damit die harten Stützfasern herausgezogen werden. Die Blüten in einem großen Topf knapp mit Wasser bedecken. 1 Teelöffel Salz und den Zitronensaft zugeben, das Wasser aufkochen und die Artischocken bei geringer Hitze zugedeckt 30–40 Minuten (je nach Größe) köcheln lassen, bis sich die Blütenblätter leicht herauszupfen lassen. Die fertigen Artischocken abgießen, abtropfen und lauwarm abkühlen lassen.

Inzwischen für die Himbeervinaigrette die Beeren zerdrücken. Senf, Essig, Öl und Himbeeren zu einer cremigen Sauce verquirlen und mit Salz und Pfeffer würzen.

Für den Sardellendip Mayonnaise und Joghurt verrühren. Sardellenfilets sehr fein hacken und unterrühren oder mit dem Pürierstab untermixen. Den Schnittlauch waschen, trocken schütteln, in Röllchen schneiden und untermischen. Den Dip mit Salz und Pfeffer würzen.

Die Artischocken mit den Dips servieren. Zuerst zupft jeder die Blütenblätter ab, taucht sie in den Dip der Wahl und zieht das fleischige Ende zwischen den Zähnen hindurch. Zum Schluss wird das „Heu" vom Blütenboden entfernt und dieser mit Messer und Gabel und den Dips gegessen.

Blitzmayonnaise ganz einfach selbst gemacht

Ihr besitzt einen Pürierstab? Dann könnt ihr Mayonnaise in 30 Sekunden selbst herstellen – und zwar ohne rohes Ei. Dazu in einem hohen Rührbecher 50 Milliliter Vollmilch mit 1 Teelöffel mittelscharfem Senf verrühren. 100–150 Milliliter neutrales Pflanzenöl vorsichtig daraufgießen (je mehr Öl, desto steifer wird die Mayonnaise). Den Pürierstab auf den Boden des Bechers stellen, einschalten und langsam hochziehen, dann ein paarmal auf und ab bewegen, bis die Mayonnaise fest ist. Soll sie pur verwendet werden, schmeckt ihr sie jetzt mit Salz, Pfeffer und einem Spritzer Zitronensaft oder Essig ab.

4 x Prickeln *im Glas*

Kochwein ist eine feine Sache. Also nicht der, mit dem die Schmorsauce abgelöscht wird, sondern der, mit dem das Kochen einfach leichter von der Hand geht. Aber hin und wieder darf es im Glas auch prickeln. Denn das heißt: Hallo, besonderer Anlass!

Erdbeer-Ingwer-Sekt

FÜR 2 GLÄSER

Zubereitung: 10 Minuten

6 große Erdbeeren
2 EL Ingwersirup
   (von in Sirup eingelegtem Ingwer aus dem Glas)
200 ml gekühlter trockener Sekt

Die Erdbeeren waschen und trocken tupfen. Zwei schöne Exemplare beiseitelegen, bei den übrigen Stielansätze mit Kelch entfernen. Die entkelchten Erdbeeren mit dem Ingwersirup pürieren und auf zwei Sektgläser verteilen. Mit Sekt aufgießen. Die zurückbehaltenen Erdbeeren als Dekoration auf den Glasrand drücken.

Amalfi Summer

FÜR 2 GLÄSER

Zubereitung: 10 Minuten

6 Basilikumblätter
4 cl Limoncello
4 Eiswürfel
300 ml gekühlter trockener Sekt
1 Scheibe von 1 Bio-Zitrone

Die Basilikumblätter abbrausen und trocken tupfen. Zwei beiseitelegen, die übrigen in Streifen schneiden und in einem Glas mit dem Limoncello übergießen. Die Mischung 10 Minuten ziehen lassen, durch ein feines Sieb abgießen und auffangen. Die Eiswürfel auf zwei bauchige Weingläser verteilen, den Limoncello daraufgießen und mit Sekt auffüllen. Die Zitronenscheibe halbieren. Je eine Hälfte mit einem Basilikumblatt auf einen Zahnstocher oder Cocktailspieß stecken und diese quer über das Glas legen.

Hugo

FÜR 2 GLÄSER

Zubereitung: 10 Minuten

6 Minzblättchen plus zwei kleine Zweige Minze für die Deko
½ Bio-Limette
4 Eiswürfel
4 cl Holunderblütensirup
200 ml gekühlter Prosecco
100 ml sprudelndes Mineralwasser

Die Minzblätter waschen, gut trocken tupfen, auf zwei bauchige Weingläser verteilen und vorsichtig mit einem Stößel oder Teelöffel etwas andrücken. Die Limettenhälfte waschen und vierteln. In jedes Glas zwei Limettenviertel und zwei Eiswürfel geben und den Holunderblütensirup zufügen. Die Mischung mit Prosecco und Mineralwasser aufgießen. Die Minzzweige hineinstellen und den Hugo servieren.

French 75

FÜR 2 GLÄSER

Zubereitung: 10 Minuten

6 cl Gin
3 cl Zitronensaft
2 cl Zuckersirup
10 Eiswürfel
200 ml gekühlter Champagner
2 Stücke Schale von 1 Bio-Zitrone

Gin, Zitronensaft, Zuckersirup und Eiswürfel im Cocktailshaker 15 Sekunden schütteln. Die Mischung durch ein Sieb in zwei Weingläser abseihen und mit dem Champagner auffüllen. Mit Zitronenschale garniert servieren.

Fenchelrisotto mit
Oliven-Gremolata

Seinen Ruf als aufwendiges Gericht trägt Risotto zu Unrecht. Man muss nämlich keineswegs rühren, bis einem der Arm abfällt – hin und wieder mal reicht völlig aus. Allerdings soll es ja Leute geben, für die es so etwas wie eine Feierabendmeditation ist, mit dem Löffel immer wieder Kreise im Topf zu ziehen. Jeder, wie er's mag!

Die Gemüsebrühe aufkochen und zugedeckt bei geringer Hitze auf dem Herd warm halten. Die Zwiebel schälen und fein würfeln. Den Fenchel waschen. Das Grün beiseitelegen und den Fenchel in 1,5 Zentimeter große Stücke schneiden. Die Orange heiß abwaschen und trocknen. Die Hälfte der Schale dünn mit einem Sparschäler abziehen, in feine Streifen schneiden und hacken (mit einem Zestenreißer geht das noch einfacher). Die Orange halbieren und eine Hälfte auspressen (die andere Hälfte anderweitig verwenden).

1 Esslöffel Butter in einem Topf schmelzen lassen und die Zwiebel darin ca. 3 Minuten anschwitzen. Die Hälfte der Fenchelstücke sowie Fenchelsamen und Reis zugeben und bei mittlerer Hitze 2 Minuten unter Rühren erhitzen, bis der Reis glasig aussieht. Den Orangensaft und so viel heiße Gemüsebrühe angießen, dass alles knapp bedeckt ist. Das Risotto offen bei mittlerer Hitze köcheln lassen, dabei zwischendurch immer wieder umrühren. Sobald der Reis die Flüssigkeit aufgenommen hat, wieder eine Kelle Gemüsebrühe zugeben und weiterköcheln lassen. So fortfahren, bis der Reis weich ist, aber noch Biss hat. Das dauert 15–20 Minuten. Kurz vor Ende die übrigen Fenchelstücke zugeben.

In der Zwischenzeit das Fenchelgrün hacken. Die Oliven ebenfalls hacken und beides mit den gehackten Orangenzesten vermischen.

Das fertige Risotto mit Salz und Pfeffer würzen. Den übrigen Esslöffel Butter unterrühren. Das Risotto auf zwei Teller oder Schalen verteilen und mit der Oliven-Orangen-Gremolata bestreuen.

FÜR 2 PERSONEN

Zubereitung: 35 Minuten

ca. 600 ml Gemüsebrühe
1 Zwiebel
1 kleine Fenchelknolle (ca. 250 g)
1 Bio-Orange
2 EL Butter
1 TL Fenchelsamen (nach Belieben)
200 g Risottoreis (z. B. Arborio)
30 g entsteinte grüne Oliven
Salz | schwarzer Pfeffer

Vietnamesische
Reisnudeln mit Steak

Kalte Nudeln, Salat, würzige Sauce und saftiges Steak – ein ganz und gar sommerliches Gericht. Schlicht genug, dass es in Vietnam zum Alltag gehört, raffiniert genug, dass es seinen Siegeszug durch den Rest der Welt angetreten hat. Auf jeden Fall absolut probierenswert!

FÜR 2 PERSONEN

Zubereitung: 45 Minuten

FÜR REISNUDELN UND STEAK
1 Rindersteak (ca. 300 g)
200 g Reisfadennudeln
   (Asienladen)
Salz
1 EL neutrales Pflanzenöl

FÜR DIE SAUCE
1 kleine Knoblauchzehe
1 frische rote Chilischote
Saft von 1 Limette
1 EL klarer Reisessig
3 EL Fischsauce
   (siehe Glossar S. 200)
1 EL Zucker

FÜR DEN SALAT
½ Kopfsalat
2 Frühlingszwiebeln
150 g Salatgurke
3 Stängel Thai-Basilikum
3 Zweige Minze
½ Bund Koriandergrün
30 g geröstete,
   gesalzene Erdnüsse

Das Steak aus dem Kühlschrank nehmen. Die Reisnudeln nach Packungsanweisung in kochendem Wasser garen, in ein Sieb abgießen und mit reichlich kaltem Wasser abbrausen. Die kalten Nudeln im Sieb gut abtropfen lassen.

Für die Sauce die Knoblauchzehe schälen und durch die Presse in eine Schüssel geben. Die Chili längs halbieren, Stiel, Scheidewände und Samen entfernen und die Schote fein würfeln. Chiliwürfel und die übrigen Zutaten mit 4 Esslöffeln Wasser zum Knoblauch geben, alles gründlich verrühren und ziehen lassen, bis der Rest fertig ist.

Das Steak trocken tupfen und von beiden Seiten salzen. Das Öl in einer Pfanne erhitzen und das Steak darin bei hoher Temperatur pro Seite 1 Minute anbraten. Das Steak herausnehmen und auf einem Teller ruhen lassen.

Den Kopfsalat putzen, waschen, trocken schleudern und in fingerbreite Streifen schneiden. Die Frühlingszwiebeln putzen, waschen und erst längs vierteln, dann in ca. 5 Zentimeter lange Streifen schneiden. Die Gurke waschen und ungeschält in ca. 5 Zentimeter lange Stifte schneiden. Die Kräuter waschen, sehr gut trocken schütteln und die Blättchen abzupfen. Basilikum- und Minzblättchen etwas kleiner zupfen. Alle vorbereiteten Salatzutaten mischen.

Reisnudeln und Salat auf zwei Schalen verteilen und nebeneinander anrichten. Die Sauce darübergießen. Die Erdnüsse grob hacken und darüberstreuen. Das Steak in der Pfanne in 1–2 Minuten pro Seite bei hoher Temperatur fertig braten, in Streifen schneiden und auf dem Salat anrichten.

Lammkoteletts
mit Blumenkohlsalat

Im Ofen gerösteter Blumenkohl bekommt eine wunderbar nussige Note, die bestens zu orientalischen Gewürzen passt – zum Beispiel zu dem marokkanischen Ras el-Hanout. Diese Mischung aus bis zu 40 Gewürzen kann völlig unterschiedlich ausfallen, und das Rezept ist der ganze Stolz des Gewürzhändlers.

Für den Blumenkohlsalat den Backofen auf 200 °C (Umluft 180 °C) vorheizen. Den Blumenkohl waschen, in Röschen teilen und diese in einer Schüssel mit 2 Esslöffeln Olivenöl, 1 großzügigen Prise Salz und dem Ras el-Hanout gut vermischen. Dann den Blumenkohl auf einem Blech verteilen und im Ofen (Mitte) ca. 25 Minuten backen, bis er weich ist und braune Stellen hat.

In der Zwischenzeit die Frühlingszwiebeln putzen, waschen und in Ringe schneiden. Petersilie und Koriandergrün waschen, gut trocken schütteln und die Blättchen grob hacken. Das Salzzitronenviertel grob in Stücke schneiden (Schale und Fruchtfleisch), dabei die Kerne entfernen. Salzzitrone mit der Flüssigkeit, den übrigen 2 Esslöffeln Olivenöl und der Harissa mit dem Pürierstab zu einer Paste mixen. Das Dressing mit Salz und Pfeffer abschmecken. Die fertigen Blumenkohlröschen aus dem Ofen nehmen und in einer Schüssel mit dem Dressing mischen.

Für die Lammkoteletts die Knoblauchzehe schälen und halbieren. Die Hälften mit dem Öl in einer Pfanne erhitzen. Die Koteletts abspülen, trocken tupfen und von beiden Seiten salzen. Das Fleisch im Öl bei mittlerer bis hoher Temperatur ca. 2 Minuten pro Seite braten.

Frühlingszwiebeln und Kräuter unter den Blumenkohl heben und den Salat mit den Koteletts servieren.

FÜR 2 PERSONEN

Zubereitung: 15 Minuten
Backen: 25 Minuten

FÜR DEN BLUMENKOHLSALAT
1 kleiner Blumenkohl (ca. 500 g)
4 EL Olivenöl
1 TL Ras el-Hanout
   (siehe Glossar S. 201)
2 Frühlingszwiebeln
1 kleines Bund Petersilie
1 kleines Bund Koriandergrün
¼ Salzzitrone plus
   1 EL Salzzitronenflüssigkeit
   (siehe Glossar S. 201,
   alternativ 2 EL Zitronensaft)
½ TL Harissa (siehe Glossar S. 200)

FÜR DIE LAMMKOTELETTS
1 Knoblauchzehe
2 EL neutrales Pflanzenöl
2 Lamm-Doppelkoteletts
   (oder 4 Stielkoteletts)

AUSSERDEM
Salz | schwarzer Pfeffer

Entenbrust mit
Holunderschalotten

Der perfekte Braten für zwei: Rosig gegarte Entenbrust ist ein wahres Winterfestessen! Der Holundersaft gibt den Schalotten eine wunderbar herb-fruchtige Note und eine spektakuläre Farbe – mal etwas anderes als Rotweinzwiebeln.

FÜR 2 PERSONEN

Zubereitung: 45 Minuten

FÜR DAS KARTOFFEL-SELLE-
RIE-PÜREE

300 g mehligkochende Kartoffeln

300 g Knollensellerie

50 g Butter

100 ml Sahne

frisch geriebene Muskatnuss

FÜR ENTENBRUST UND

HOLUNDERSCHALOTTEN

200 g Schalotten

1 Zweig Rosmarin

1 EL Butter

1 Stange Langer Pfeffer
   (siehe Glossar S. 200,
   nach Belieben)

200 ml Holunderbeersaft
   (ungesüßt)

1 großes Entenbrustfilet (ca. 350 g)

1 EL Zucker

AUSSERDEM

Salz | schwarzer Pfeffer

Für das Püree Kartoffeln und Sellerie schälen, in grobe Stücke schneiden und in einem Topf knapp mit Salzwasser bedecken. Alles aufkochen und bei geringster Hitze zugedeckt 15 Minuten köcheln, bis das Gemüse weich ist.

In der Zwischenzeit die Schalotten schälen und in Ringe schneiden. Rosmarin waschen, trocken schütteln und die Nadeln fein hacken. Die Butter in einer Pfanne schmelzen und die Schalotten darin bei mittlerer Hitze ca. 5 Minuten anschwitzen. Den Langen Pfeffer (falls verwendet) mörsern und mit Rosmarin und Holundersaft zu den Schalotten geben. Alles 15 Minuten bei geringer Hitze offen einköcheln.

Den Backofen auf 150 °C (Umluft 130 °C) vorheizen. Kartoffeln und Sellerie abgießen, kurz ausdampfen lassen und mit Butter und Sahne zerstampfen. Das Püree mit Salz, Pfeffer und Muskat würzen und warm halten.

Die Hautseite der Entenbrust mit einem scharfen Messer rautenförmig einritzen, dabei das Fleisch nicht verletzen. Die Entenbrust rundum salzen. Eine Pfanne ohne Fett erhitzen. Die Entenbrust darin bei hoher Temperatur auf der Hautseite 5 Minuten, auf der Fleischseite 1 Minute anbraten, dann in einer feuerfesten Form in den Backofen geben und in 10 Minuten fertig garen. Das Fleisch herausnehmen und vor dem Anschneiden 10 Minuten ruhen lassen.

Ausgetretenen Fleischsaft zu den Schalotten gießen und diese mit Zucker, Salz und Pfeffer abschmecken. Die Entenbrust aufschneiden und mit Püree und Schalotten anrichten.

Und der Rest Holundersaft?

Übrig gebliebener Holundersaft lässt sich im Winter prima zu Anti-Erkältungs-Punsch verarbeiten – einfach erhitzen, mit Zitronensaft und Honig würzen und heiß trinken. Die Alternative: Holundergelee. Dazu den Saft 1:1 mit Gelierzucker mischen, mit etwas Zitronenschale aufkochen und köcheln lassen, bis ein Tropfen Saft, auf einen kalten Teller gegeben, schnell geliert. In sterilisierte Gläser füllen und abkühlen lassen.

Saiblingsfilets mit
Gurken-Melonen-Salat

Fisch und Obst – klingt komisch? Überhaupt nicht! Zum einen zeigt sich bei diesem Salat die enge Verwandtschaft von Gurken und Melonen auch geschmacklich. Und Gurkensalat geht doch, oder? Zum anderen … ach, probiert selbst!

Für den Salat die Gurke waschen, nach Belieben schälen und ca. 3 Zentimeter groß würfeln. Die Melone schälen, die Samen entfernen und das Fruchtfleisch ebenfalls in 3 Zentimeter große Würfel schneiden. Die Avocado halbieren, Kern und Schale entfernen und das Fruchtfleisch würfeln. Die Zwiebel schälen und fein schneiden.

Gurke, Melone, Avocado und Zwiebel in einer Schüssel mischen. Zitronensaft, Olivenöl, Apfeldicksaft (oder Zucker) sowie Salz und Pfeffer verquirlen und mit dem Salat mischen. Minze und Petersilie waschen, trocken schütteln, die Blättchen abzupfen, fein schneiden und unter den Salat heben.

Die Fischfilets kurz abspülen, trocken tupfen und von beiden Seiten salzen. Die Butter in einer Pfanne erhitzen und die Filets darin von beiden Seiten braten. Saiblingsfilets brauchen 2–3 Minuten pro Seite. Den Fisch mit dem Salat servieren.

FÜR 2 PERSONEN

Zubereitung: 20 Minuten

FÜR DEN SALAT
½ Salatgurke
150 g Cantaloupe-Melone
1 Avocado
½ rote Zwiebel
2 EL Zitronensaft
3 EL Olivenöl
1 TL Apfeldicksaft
    (oder ½ TL Zucker)
1 Zweig Minze
4 Stängel Petersilie

FÜR DEN FISCH
4 Saiblingsfilets (à ca. 90 g;
    aber Forellen-, Lachs- oder
    Zanderfilets schmecken auch)
1 EL Butter

AUSSERDEM
Salz | schwarzer Pfeffer

Lorbeer-Zitronen-*Sorbet*

FÜR 2 PERSONEN

Zubereitung: 25 Minuten
Ziehen: 12 Stunden
Gefrierzeit: mindestens 8 Stunden
(besser über Nacht)

200 g Zucker
4 Zitronen, davon 2 Bio-Zitronen
20 frische Lorbeerblätter

Zitronen schmiegen sich gerne an aromatische Kräuter aller Art: Dass die Kombination auch als süßes Gericht funktioniert, zeigt dieses erfrischende Sorbet, das problemlos ohne Eismaschine zu machen ist. Allerdings braucht es etwas Zeit zum Durchziehen und Gefrieren – fangt also rechtzeitig an!

Den Zucker mit 200 Milliliter Wasser in einem Topf erhitzen, bis er sich aufgelöst hat, einmal aufkochen und vom Herd ziehen. Die Bio-Zitronen heiß abwaschen, trocknen und die Schale abreiben. Alle Zitronen auspressen. Die Lorbeerblätter waschen und in feine Streifen schneiden. Zitronenschale und -saft sowie Lorbeerstreifen in den Zuckersirup rühren. Die Mischung erst abkühlen und dann abgedeckt im Kühlschrank ca. 12 Stunden durchziehen lassen.

Am nächsten Tag die Mischung durch ein feines Sieb gießen. Wer eine Eismaschine hat, lässt das Sorbet nach Anleitung des Geräteherstellers gefrieren. Ohne Eismaschine den aromatisierten Zitronensirup einfach in einem verschließbaren Behälter einfrieren. Das Sorbet braucht mindestens 8 Stunden, um fest zu werden. Nach 4 Stunden den Behälter gelegentlich herausnehmen und die Masse gründlich durchrühren, damit sich nicht so große Eiskristalle bilden.

Die Frische macht's

Frischer Lorbeer schmeckt anders als getrockneter – ein bisschen süßlicher, mit einem Aroma, das etwas an Zimt erinnert. Frischen Lorbeer gibt es in kleinen Töpfen zu kaufen, und er macht es sich gerne auf der Fensterbank gemütlich, um immer wieder mal ein Blatt zum Kochen zu spenden.

Avocado-Kaffee-Smoothie

Avocado in herzhaften Gerichten? In manchen Ländern klingt das mindestens genauso ungewöhnlich wie bei uns die Idee, die grüne Frucht zu Süßspeisen zu verarbeiten. Dass das bestens funktioniert, beweist dieser Smoothie, der in Indonesien als Jus Alpukat beliebt ist.

Die Avocados halbieren, den Kern entfernen, das Fruchtfleisch mit einem Löffel aus der Schale lösen und in einen Mixer geben. Espresso, gezuckerte Kondensmilch und Eiswürfel zugeben und alles glatt mixen (das geht alternativ auch in einem hohen Rührgefäß mit einem leistungsfähigen Pürierstab).

Der Smoothie hat jetzt löffelbare Dessert-Konsistenz. Wer ihn lieber trinken möchte, kann ihn nach Belieben mit Milch verdünnen.

FÜR 2 PERSONEN

Zubereitung: 10 Minuten

2 kleine reife Avocados
100 ml Espresso
4 EL gezuckerte Kondensmilch
10 Eiswürfel
Vollmilch zum Verdünnen
   (nach Belieben)

Entspannt
einladen

Chopped Salad
all'italiana

Gehackter Salat? Klingt erst mal nur nach mehr Arbeit, macht aber tatsächlich einen enormen Unterschied: Alle Zutaten fügen sich nämlich auf der Zunge zu einem einzigen Geschmackseindruck zusammen.

Für den Salat die beiden Salatsorten waschen und gut trocken schleudern. Den Fenchel waschen und putzen. Die Zwiebel schälen. Das Basilikum waschen, trocken tupfen und die Blätter abzupfen.

Alle Zutaten für den Salat nacheinander erst fein schneiden, dann nicht zu fein hacken und in einer Salatschüssel mischen.

Für das Dressing Sardellenfilets in Salz kalt abspülen (bei Filets in Öl ist das nicht nötig). Die Knoblauchzehe schälen und mit Sardellen, Aceto balsamico und Olivenöl in ein hohes Rührgefäß geben. Alles mit dem Pürierstab zu einem cremigen Dressing mixen und mit Salz und Pfeffer kräftig abschmecken.

Den Salat mit dem Dressing vermischen und mit den Oliven garnieren. Den Salat sofort servieren.

FÜR 4 PERSONEN

Zubereitung: 1 Stunde

FÜR DEN SALAT
1 Römanasalat
¼ kleiner Radicchio (ca. 150 g)
1 kleine Fenchelknolle (ca. 350 g)
1 rote Zwiebel
½ Bund Basilikum
80 g getrocknete Tomaten
   in Öl (Glas)
200 g gegrillte Paprikaschoten
   (siehe Tipp)
80 g italienische Salami
   (nach Belieben)

FÜR DAS DRESSING
2 Sardellenfilets (in Salz oder in Öl)
1 Knoblauchzehe
3 EL Aceto balsamico
6 EL Olivenöl
Salz | schwarzer Pfeffer

ZUM ANRICHTEN
50 g grüne Oliven (mit Stein)

Peperoni grigliati

Beim Grillen werden Paprikaschoten leicht süßlich und ihr Aroma intensiviert sich noch. Der Aufwand ist übersichtlich: Paprikaschoten halbieren, von Stiel, Samen und Scheidewänden befreien und mit der Hautseite nach oben auf ein Blech legen. Den Backofengrill einschalten und das Blech mit den Schoten darunterschieben. Sobald die Haut schwarz wird und Blasen wirft, die Paprika herausnehmen, 10 Minuten unter einem feuchten Tuch abkühlen lassen und häuten. Ihr könnt die Schoten mit Knoblauch und Kräutern in Olivenöl marinieren, für diesen Salat lassen sie sich aber auch direkt weiterverwenden. Die Speedversion: gegrillte, marinierte Paprikaschoten am Feinkoststand kaufen.

Knoblauch–
Zupfbrot

Weil es so praktisch vorportioniert ist, kann sich von diesem Brot einfach jeder selbst eine Scheibe abzupfen. Oder zwei. Oder drei. Denn Aufhören ist verdammt schwierig, vor allem dann, wenn das Brot warm auf den Tisch kommt.

FÜR 1 KASTENFORM (25 CM)

Zubereitung: 50 Minuten
Gehen: 2 Stunden 45 Minuten
Backen: 35 Minuten

FÜR DEN TEIG
400 g Weizenmehl (Type 550)
½ Würfel Hefe (ca. 20 g)
1 TL Zucker
175 ml lauwarme Milch
50 g weiche Butter
1 TL Salz
1 Ei (Größe M)

FÜR DIE FÜLLUNG
3 Zweige Rosmarin
4–6 Knoblauchzehen
    (nach Geschmack)
50 g weiche Butter
Salz
70 g Parmesan

AUSSERDEM
Mehl für die Arbeitsfläche
Butter für die Form

Das Mehl in eine Schüssel geben und in die Mitte eine Mulde drücken. Die Hefe hineinbröseln, Zucker und 50 Milliliter lauwarme Milch zugeben und alles mit etwas Mehl vom Rand verrühren. Den Vorteig abgedeckt 15 Minuten gehen lassen.

Übrige Milch, Butter, Salz und Ei zugeben und alles mit den Knethaken zu einem Teig vermischen. Den Teig in ca. 10 Minuten glatt kneten, dann abgedeckt in einer Schüssel an einem warmen Ort 1 Stunde bis 1 Stunde 30 Minuten gehen lassen, bis er sein Volumen ungefähr verdoppelt hat.

In der Zwischenzeit für die Füllung den Rosmarin waschen, trocken schütteln und die Nadeln fein hacken. Den Knoblauch schälen und ebenfalls fein hacken. Rosmarin und Knoblauch am besten mithilfe einer Gabel mit der weichen Butter vermischen. Die Knoblauchbutter kräftig mit Salz abschmecken. Den Parmesan reiben.

Den gegangenen Teig auf der bemehlten Arbeitsfläche kurz durchkneten und zu einem Rechteck (ca. 30 × 50 Zentimeter) ausrollen. Die Teigplatte mit Knoblauchbutter bestreichen und mit Parmesan bestreuen, dann parallel zur langen Seite in drei Streifen und diese quer in je sechs Stücke schneiden. Die Stücke so aufeinanderstapeln, dass sie nicht genau Kante auf Kante liegen, sondern etwas verschoben.

Die Kastenform mit Butter fetten und den Stapel Teigstücke hineinstellen, sodass die Schnittkanten nach oben zeigen. Keine Angst, wenn der Stapel viel zu klein wirkt: Der Teig geht noch! Die Form mit einem Tuch abdecken und den Teig an einem warmen Ort noch einmal ca. 1 Stunde gehen lassen, bis er die gesamte Form ausfüllt.

Den Backofen auf 180 °C (Umluft 160 °C) vorheizen. Das Zupfbrot darin ca. 35 Minuten backen, bis es oben goldgelb ist. Das fertige Brot herausnehmen, 10 Minuten in der Form abkühlen lassen, dann aus der Form lösen und warm servieren.

Pasta mit Kirschtomaten
und zweierlei Bohnen

Einsatz für das superintensive Olivenöl, das mit einer Schleife um den Hals auf dem Geburtstagstisch stand und seitdem irgendwie immer zu schade war, um es für einen gewöhnlichen Salat zu verwenden. Hier darf es glänzen und aus schlichter Pasta eine Delikatesse machen.

FÜR 4 PERSONEN

Zubereitung: 35 Minuten
Backen: 1 Stunde 30 Minuten

750 g Kirschtomaten
2 Zweige Rosmarin
4 Knoblauchzehen
6 EL Olivenöl
450 g grüne Bohnen
   (ersatzweise 400 g TK-Bohnen)
1 Zwiebel
2 Dosen weiße Bohnen
   (à 240 g Abtropfgewicht)
1 Bund Basilikum
400 g Pasta (z. B. Orecchiette,
   Penne, Farfalle oder Volanti)

AUSSERDEM
Salz | schwarzer Pfeffer
aromatisches Olivenöl
   zum Beträufeln
frisch gehobelter Parmesan
   zum Bestreuen

Den Backofen auf 180 °C (Umluft 160 °C) vorheizen. Die Kirschtomaten waschen, halbieren und auf ein Backblech setzen. Den Rosmarin waschen, trocken schütteln, die Nadeln abstreifen und fein hacken. Die Knoblauchzehen ungeschält mit auf das Blech legen. Die Tomaten mit Salz und gehacktem Rosmarin bestreuen, mit 4 Esslöffeln Olivenöl beträufeln und im Ofen (Mitte) ca. 1 Stunde 30 Minuten backen.

30 Minuten vor Ende der Backzeit die Knoblauchzehen aus dem Ofen nehmen, schälen und das weiche Innere zerdrücken. Frische grüne Bohnen waschen, putzen, falls nötig entfädeln und in mundgerechte Stücke schneiden. Die Zwiebel schälen und fein würfeln. Die weißen Bohnen in ein Sieb abgießen. Das Basilikum waschen, trocken schütteln, die Blättchen abzupfen und grob schneiden.

Die Pasta in reichlich Salzwasser nach Packungsanweisung al dente kochen. In der Zwischenzeit die übrigen 2 Esslöffel Olivenöl in einem Topf erhitzen und die Zwiebelwürfel darin glasig anschwitzen. Zerdrückten Knoblauch, grüne Bohnen und eine Kelle Nudelkochwasser zugeben, alles mit Salz und Pfeffer würzen, aufkochen und bei mittlerer Hitze ca. 5 Minuten köcheln lassen. Die weißen Bohnen zufügen, heiß werden lassen und das Gemüse noch einmal kräftig mit Salz und Pfeffer abschmecken.

Die fertige Pasta in ein Sieb abgießen, kurz abtropfen lassen und in einer großen Schüssel mit Bohnengemüse, Basilikum und Kirschtomaten vermischen. Die Schüssel servieren und ein gutes Olivenöl zum Beträufeln und Parmesan zum Bestreuen dazustellen.

Kein Stress!
Gelassen Freunde bekochen

„Ich hätte Lust, mal wieder ein paar Freunde einzuladen. Jeder bringt was mit, alles ganz unkompliziert."

„Eine Mitbringparty? Sind wir darüber nicht allmählich hinaus? Außerdem haben wir doch zum Einzug von Stefan und Jens die Nudelmaschine geschenkt bekommen. Ich glaub, die warten schon ewig darauf, dass wir sie mal richtig schick bekochen."

„Du meinst mit einem mehrgängigen Menü und weißen Servietten und dem Erbsilber, das wir nicht haben? Da brauchen wir ja Wochen, um das überhaupt nur zu planen!"

Einladungen zum Essen sollen Spaß machen, und zwar allen Beteiligten. Dieser Spaß ist aber erheblich gefährdet, wenn die Gäste über weite Strecken des Abends allein am Tisch sitzen müssen, während sie Zeugen werden, wie sich die Gastgeber vor lauter Stress in der Küche anraunzen. Für den Erfolg des Abends kann es also durchaus besser sein, wenn die Gäste mit der Nudelsalatschüssel unter dem Arm anrücken, als wenn sie mit einem elaborierten fünfgängigen Menü bekocht werden. Zum Glück gibt es dazwischen ja noch jede Menge Abstufungen, je nach Können und Kochlust.

Denn „mehrere Gänge" kann eben auch heißen, vorab einen Salat und als Nachtisch Eis zu servieren und zum Hauptgang eine große Schüssel Pasta auf den Tisch zu stellen. Wenn ihr euch damit am wohlsten fühlt, dann wird sich diese entspannte Stimmung auch auf die Gäste übertragen, und einem lustigen Abend steht nichts im Weg. Ausgefeilter und anspruchsvoller kann ein Menü mit zunehmendem kulinarischem Ehrgeiz schließlich immer noch werden.

Projekt „stressfrei kochen"

So oder so wird es durch ein gewisses Maß an Planung erheblich leichter, einen Abend in Gastgeberrolle über die Bühne zu bringen. Wie ihr ein stimmiges Menü zusammenstellt, könnt ihr auf Seite 172 nachlesen. Habt ihr die Rezepte ausgewählt, dann macht ihr euch am besten einen Ablaufplan und notiert, in welcher Reihenfolge ihr welche Schritte

abarbeiten wollt. Was muss auf jeden Fall am Anfang erledigt werden, weil es noch durchziehen, marinieren, gelieren, gefrieren soll? Was kann dagegen erst ganz kurz vor dem Servieren fertiggestellt werden? Plant außerdem immer genügend Pufferzeit ein. Es ist keineswegs gesagt, dass die bei den Rezepten angegebenen Zubereitungszeiten auch zu eurer persönlichen Arbeitsweise passen.

Und wenn ihr schon bei der Vorplanung seid: Ein Gang in den Copyshop kann dazu beitragen, dass ihr in der Küche reibungslos zusammenarbeitet – sofern ihr zu zweit kocht. Kopiert einfach die gewählten Seiten aus den jeweiligen Kochbüchern heraus, damit ihr sie beim Kochen als lose Zettel vor euch habt. So verhindert ihr nerviges Geblätter, wenn sie gerade mit dem einen Rezept, er aber mit einem ganz anderen zwanzig Seiten weiter hinten beschäftigt ist. Das mit den Rezeptkopien ist übrigens vor allem dann eine gute Idee, wenn ihr die beste Gastgeber-Entlastungsstrategie überhaupt verfolgt und eure Freunde einfach zum Mitkochen einladet. In diesem Fall nimmt die Vorbereitung zwar ein bisschen mehr Zeit in Anspruch, weil ihr vorab klären solltet, welche Gerichte auf den Tisch kommen sollen und wer was dafür einkauft. Dafür sorgt ihr garantiert für einen zwanglosen, netten Abend, und ihr nehmt euch den Stress, mit allem fertig sein zu müssen, wenn die Gäste eintreffen.

Hurra, Küchenchaosparty!

Beim gemeinsamen Kochen fängt die Party schon in der Küche an (und nicht selten hört sie dort viele Stunden später auch auf). Und wenn sie zu klein ist, damit alle dort nebeneinander schnippeln können – was macht das schon? Bohnen entfädeln kann man notfalls auch auf dem Sofa, und irgendjemand muss sich schließlich auch darum kümmern, dass alle Schwerstarbeitenden immer genügend Kochwein in den Gläsern haben. Mit Sicherheit wird nicht alles reibungslos klappen, und mit genauso großer Sicherheit werden sich alle nachher am liebsten an die kleinen und großen Pannen erinnern und noch Jahre später darüber lachen.

Es gibt übrigens noch eine andere Möglichkeit, Druck aus der Gastgeberrolle herauszunehmen und die Verantwortung auf mehrere Schultern zu verteilen: Tut euch einfach mit ein paar Freunden zusammen, die ebenfalls gerne kochen, und plant ein Dinner mit verteilten Rollen. Jeder Gang findet in einer anderen Wohnung statt und wird von deren Bewohnern vorbereitet, und alle ziehen gemeinsam vom Ort der Vorspeise zu dem des Hauptgerichts und zum Schluss zu dem des Desserts.

Aber wie auch immer ihr euch organisiert: Ladet ein, so oft und so viel ihr wollt! Ein genüsslicher Abend mit Freunden kann so viel Energie geben, dass ihr noch Tage davon zehrt. Auch wenn ihr danach erst einmal erledigt ins Bett sinkt!

Süßkartoffel–Paprika-Kuchen

Nein, für den Kaffeetisch ist dieser Kuchen nicht gedacht, auch wenn er durch die Süßkartoffel eine leicht süßliche Note hat. Aber die wird ergänzt durch eine ordentliche Portion Umami, und deshalb nehmen wir statt Sahne doch lieber einen grünen Salat dazu.

Den Ingwer schälen und fein hacken. Die Süßkartoffel schälen und mittelfein reiben. Die Paprikahälfte waschen, Stiel und Scheidewände entfernen und das Fruchtfleisch in feine Würfel schneiden.

Den Backofen auf 180 °C (Umluft 160 °C) vorheizen. Die Wände der Kastenform fetten und die Form mit Backpapier auslegen.

In einer Schüssel die Eier gründlich mit Tahin und Misopaste verrühren. Sesamsamen, Ingwer, Paprikawürfel und geriebene Süßkartoffel zugeben und gut unterheben. Das Mehl mit dem Backpulver mischen und ebenfalls gut unterrühren.

Den Teig in die Form füllen, etwas glatt streichen und im Ofen (Mitte) 1 Stunde backen. Sobald an einem hineingesteckten Holzstäbchen kein Teig mehr kleben bleibt, die Form herausnehmen, sonst den Kuchen noch weitere 10 Minuten backen. Den fertigen Kuchen 10 Minuten in der Form abkühlen lassen, dann herausnehmen und weitere 20 Minuten abkühlen lassen.

FÜR 1 KASTENFORM (25 CM)

Zubereitung: 40 Minuten
Backen: 1 Stunde 10 Minuten

10 g frischer Ingwer
1 kleine Süßkartoffel (300 g)
½ Paprikaschote (125 g)
4 Eier (Größe M)
150 g Tahin (siehe Glossar S. 201)
50 g dunkle Misopaste
   (Genmai-Miso,
   siehe Glossar S. 201)
2 EL Sesamsamen
250 g Weizenmehl (Type 405)
1 Pckg. Backpulver

AUSSERDEM
Fett für die Form

Würzig, würzig

Unterschiedliche Misopasten können unterschiedlich salzig sein. Probiert den Teig am besten und gebt falls nötig noch eine Prise Salz hinzu. Wer mag, serviert zum Süßkartoffel-Paprika-Kuchen einen schnellen Aufstrich aus 250 g Ziegenfrischkäse, verrührt mit ½ Bund in feine Ringe geschnittenem Schnittlauch.

Spitzkohl-Lachs-*Quiche*

Geräuchertes steht ihm ja, dem Kohl. Aber während sich die robusten Köpfe von Weißkraut bis Wirsing gerne mit Wurst und Speck umgeben, darf es für die feinste unserer heimischen Kohlsorten auch mal rauchiger Fisch sein.

FÜR 4 PERSONEN

Zubereitung: 45 Minuten
Kühlzeit: 1 Stunde
Backen: 50 Minuten

FÜR DEN TEIG

250 g Weizenmehl (Type 405)
½ TL Salz
125 g kalte Butter

FÜR DIE FÜLLUNG

1 Zwiebel
1 kleiner Spitzkohl (ca. 500 g)
2 EL neutrales Pflanzenöl
Salz
2 TL grüner Pfeffer (Glas)
½ Bio-Zitrone
100 g Räucherlachs
300 g saure Sahne
4 Eier (Größe M)

AUSSERDEM

Fett für die Form
Weizenmehl zum Verarbeiten

Die Tarte- oder Springform fetten. Für den Teig Mehl und Salz in einer Schüssel mischen. Die kalte Butter in sehr kleinen Stückchen dazugeben und schnell zwischen den Fingern mit dem Mehl krümelig reiben. 4–5 Esslöffel kaltes Wasser zufügen und alles zügig zu einem glatten Teig kneten. Den Teig auf wenig Mehl etwas größer als die Form ausrollen, in die Form legen und einen ca. 5 Zentimeter hohen Rand formen. Die Form für 1 Stunde in den Kühlschrank stellen.

In der Zwischenzeit für die Füllung die Zwiebel schälen und würfeln. Den Spitzkohl waschen, putzen und vierteln. Den Strunk entfernen und die Viertel quer in schmale Streifen schneiden. Das Öl in einer weiten Pfanne erhitzen. Die Zwiebel darin bei mittlerer Hitze in ca. 3 Minuten glasig schwitzen. Den Spitzkohl und 3 Esslöffel Wasser zugeben. Alles salzen und ca. 5 Minuten bei geschlossenem Deckel dünsten, bis der Kohl etwas zusammengefallen ist. Die Pfanne vom Herd nehmen.

Den Backofen auf 180 °C (Umluft 160 °C) vorheizen. Den Pfeffer grob hacken. Die Zitrone heiß abwaschen, trocknen und die Schale fein abreiben. Den Lachs in schmale Streifen schneiden und mit Pfeffer und Zitronenschale unter den Spitzkohl heben.

Saure Sahne und Eier in einer Schüssel gut verrühren und kräftig mit Salz würzen. Den Pfanneninhalt in die vorbereitete Springform füllen, die Ei-Sahne-Mischung darübergießen und die Quiche ca. 50 Minuten im heißen Ofen (unten) backen. Sobald an einem hineingesteckten Holzstäbchen keine Eimasse mehr kleben bleibt, die Quiche herausnehmen und vor dem Anschneiden 10 Minuten abkühlen lassen. Sie schmeckt warm oder kalt.

Estragon *hähnchen*

Diese Garmethode, mit der ein Brathähnchen innen unglaublich saftig und außen zum Niederknien knusprig wird, stammt von der Frau, die den Amerikanern die authentische italienische Küche nahegebracht hat: Marcella Hazan. Die Estragon-Inspiration dagegen stammt aus Frankreich.

Den Backofen auf 180 °C (Umluft 160 °C) vorheizen. Die Kartoffeln schalen, längs vierteln und die Kartoffelspalten auf einem tiefen Backblech mit Öl, Salz und Pfeffer vermischen.

Den Estragon waschen und trocken schütteln. Von einem Bund die Blättchen abzupfen und fein hacken. Die Zitrone heiß abwaschen, trocknen und die Schale abreiben. Den Knoblauch schälen, fein hacken und zusammen mit dem gehackten Estragon und der Zitronenschale mit der weichen Butter verkneten. Das geht am besten mit einer Gabel. Die Würzbutter mit Salz abschmecken.

Das übrige Bund Estragon zusammen mit der Zitrone in die Bauchhöhle des Hähnchens geben. An der Brust beginnend, die Finger zwischen Haut und Fleisch des Hähnchens schieben, die Haut vorsichtig ablösen und die Estragonbutter darunter verteilen. Auch in die Haut der Schenkel dicht am Gelenk ein kleines Loch stechen, dieses erweitern und mit der Kräuterbutter füllen. Die Hähnchenschenkel kreuzweise mit Küchengarn zusammenbinden und das Hähnchen auf der Außenseite gründlich mit Salz einreiben.

Das Backblech mit den Kartoffeln in den Ofen (unten) schieben, den Bratrost darüber platzieren und das Hähnchen mit der Brustseite nach unten darauflegen. Das Hähnchen 30 Minuten braten, dann die Ofentemperatur auf 200 °C (Umluft 180 °C) heraufschalten, das Hähnchen umdrehen und weitere 20 Minuten braten, sodass die Haut knusprig wird.

Das fertige Hähnchen herausnehmen, zerteilen und mit den Kartoffeln servieren.

FÜR 4 PERSONEN

Zubereitung: 25 Minuten
Garen: 50 Minuten

1,5 kg festkochende Kartoffeln
2 EL Olivenöl
Salz | schwarzer Pfeffer
2 Bund Estragon
1 Bio-Zitrone
2 Knoblauchzehen
50 g weiche Butter
1 Brathähnchen (ca. 1,5 kg, küchenfertig vorbereitet)

AUSSERDEM
Küchengarn

4 x Kleinigkeiten *zum Knabbern*

Als Begleiter für den Aperitif, zu einem Glas Wein oder einem nächtlichen Absacker – etwas zu knabbern im Haus zu haben hat noch nie geschadet. Das Problem ist nur, diese Kleinigkeiten lange genug vor sich selbst zu verstecken, damit die Gäste auch noch etwas abbekommen.

Dukkah

FÜR 1 SCHÄLCHEN GEWÜRZMISCHUNG

Zubereitung: 15 Minuten

1 EL Haselnusskerne
2 EL Sesamsamen
2 TL Koriandersamen
1 TL Kreuzkümmelsamen (Cumin)
½ TL Fleur de Sel
Olivenöl und Fladenbrot zum Servieren

Für diese ägyptische Gewürzmischung Nüsse und Samen in einer trockenen Pfanne bei mittlerer Hitze unter Rühren rösten, bis sie anfangen zu duften. Sofort herausnehmen, mit Fleur de Sel im Mörser oder im Blitzhacker fein zerkleinern und in ein Schälchen füllen. Das Olivenöl ebenfalls in einem Schälchen auf den Tisch stellen. Das Fladenbrot in Stücke schneiden und erst ins Öl, dann in das Dukkah dippen und genießen.

Süß-scharfe Kürbiskerne

FÜR 200 GRAMM

Zubereitung: 20 Minuten

1 TL neutrales Pflanzenöl
1 EL Zucker
1 TL scharfer Senf
1 TL englisches Senfpulver
200 g Kürbiskerne
¼ TL Salz

Den Backofen auf 160 °C (Umluft 140 °C) vorheizen. Ein Blech mit Backpapier auslegen. Öl, Zucker, Senf, Senfpulver und Salz gut mischen und die Kürbiskerne unterrühren. Die Mischung auf dem Blech verteilen. Die Kürbiskerne im Backofen ca. 8 Minuten backen. Kross werden sie erst, wenn sie abgekühlt sind.

Paprika-Blätterteig-stangen

FÜR 24 STÜCK

Zubereitung: 10 Minuten
Backen: 20 Minuten

4 quadratische Platten TK-Blätterteig (ca. 200 g)
2 EL Ajvar (oder Biber salçası, siehe Glossar S. 200)
1 EL Schwarzkümmel

Den Backofen auf 200 °C (Umluft 180 °C) vorheizen.
Ein Blech mit Backpapier auslegen. Die Blätterteig-
quadrate nebeneinander auf der Arbeitsfläche auslegen und ca. 10 Minuten antauen lassen. Die Teig-
platten mit Ajvar oder Biber salçası bepinseln und
jede in sechs fingerbreite Streifen schneiden. Den
Schwarzkümmel darüberstreuen. Jeden Teigstreifen
an beiden Enden fassen und in sich verdrehen.
Die Stangen auf das Blech legen und im Ofen in
ca. 20 Minuten goldbraun backen. Sie schmecken
frisch am besten.

Wirsing-Chips

FÜR 40 GRAMM

Zubereitung: 15 Minuten
Backen: 50 Minuten

300 g Wirsing (am besten die äußeren,
    robusten Blätter)
3 EL neutrales Pflanzenöl
⅓ TL Salz

Zwei Bleche mit Backpapier auslegen. Den Wirsing
waschen, gründlich trocken schleudern und zusätzlich trocken tupfen. Die Blätter ohne Mittelrippe in
mundgerechte Stücke schneiden. In einer Schüssel
mit Öl und Salz mischen, sodass alle Blattstücke gut
benetzt sind, dann auf den Blechen verteilen. Den
Wirsing im Backofen bei 100 °C Umluft 40–50 Minuten backen (Ober-/Unterhitze nicht ratsam, Vorheizen nicht nötig), dabei zwischendurch gelegentlich
die Ofenklappe öffnen, damit die Feuchtigkeit ent-
weichen kann, die Chips am liebsten frisch aus dem
Ofen knabbern.

Auberginenröllchen
mit Walnussfüllung

Die Georgier sind ein genussfreudiges Völkchen, das gute Küche und gute Gesellschaft schätzt. Ihre Heimat, sagen sie, wollte Gott eigentlich für sich selbst zurückbehalten, als er die Erde unter den Völkern aufteilte. Vielleicht ist etwas dran – diese georgisch inspirierten Röllchen schmecken jedenfalls göttlich!

Die Auberginen waschen, vom Stielende befreien und längs in ca. 1 Zentimeter dicke Scheiben schneiden. Diese mit Salz bestreuen und in einem Sieb Wasser ziehen lassen.

Wer keinen Umluftbackofen hat, heizt den Ofen auf 180 °C vor (Umluft ist hier praktischer, weil zwei Bleche Auberginen gleichzeitig gebacken werden können – dafür muss der Ofen nicht vorgeheizt werden). Zwei Backbleche großzügig mit Olivenöl bepinseln. Die Auberginenscheiben gründlich mit Küchenpapier trocken tupfen, auf den Blechen verteilen und auf der Oberseite ebenfalls mit Olivenöl einpinseln. Die Auberginen im Backofen (Umluft 160 °C) 30 Minuten backen und nach der Hälfte der Zeit einmal wenden.

In der Zwischenzeit die Walnüsse in einer Nussmühle mahlen oder im Mixer sehr fein zerkleinern. Die gemahlenen Nüsse in eine Schüssel geben und mit 100 Milliliter kochendem Wasser vermischen, sodass eine Paste entsteht.

Die Petersilie waschen, trocken schütteln und die Blättchen nicht zu fein hacken, ein paar zum Dekorieren beiseitelegen. Den Knoblauch schälen und zur Nussmasse pressen. Petersilie, Granatapfelsirup und Zitronensaft untermischen und die Paste mit Pul biber und Salz abschmecken.

Die Auberginen aus dem Ofen nehmen und kurz abkühlen lassen. Eine Auberginenscheibe mit 1 gehäuften Teelöffel Nusspaste bestreichen und vom dicken zum schmalen Ende aufrollen. Das Röllchen quer halbieren und die beiden Teile auf eine Platte setzen. Mit den anderen Auberginenscheiben ebenso verfahren. Mit Petersilie bestreut servieren.

FÜR 4 PERSONEN ALS KLEINE MAHLZEIT, FÜR 8 AUF EINER VORSPEISENTAFEL

Zubereitung: 50 Minuten
Backen: 30 Minuten

3 Auberginen (à ca. 300 g)
Salz
Olivenöl zum Einpinseln
200 g Walnusskerne
½ Bund Petersilie
1–2 Knoblauchzehen
(je nach Geschmack)
2 EL Granatapfelsirup
(siehe Glossar S. 200)
1 EL Zitronensaft
1 TL Pul Biber
(siehe Glossar S. 201, ersatzweise ¼ TL Cayennepfeffer)

Käsefondue
mit Apfel

Was ist die unkomplizierteste Gästebewirtung? Vielleicht der Anruf beim Pizzadienst – aber danach kommt direkt das Käsefondue. Bei diesem ungewöhnlich fruchtigen Rezept darf das Kirschwasser mal im Schrank bleiben: Auch als Getränk passt hier Cidre oder Cider am besten.

FÜR 4–6 PERSONEN

Zubereitung: 15 Minuten

ZUM DIPPEN

1 großer Apfel

1 TL Zitronensaft

1 Bauernbrot (750 g)

FÜR DIE KÄSEMASSE

500 g Gruyère

500 g Emmentaler

1 Knoblauchzehe

3 EL Speisestärke

500 ml Cidre oder Cider

AUSSERDEM

Fondueset: Rechaud,
    Keramik-Fonduetopf (Caquelon)
    und Gabeln

Zuerst alles zum Dippen vorbereiten: Den Apfel waschen, vierteln und jedes Viertel von der schmalen Seite aus ungeschält ohne Kerngehäuse in dünne Scheiben schneiden. Die Apfelscheiben sofort mit dem Zitronensaft mischen und in eine Schüssel geben. Das Brot in mundgerechte Stücke schneiden und in eine zweite Schüssel füllen.

Für die Käsemasse beide Käsesorten reiben. Die Knoblauchzehe schälen. Wer es gerne herzhaft mag, hackt sie; alle anderen halbieren sie quer und reiben damit nur das Caquelon aus. Die Speisestärke mit 50 Milliliter Cidre oder Cider glatt rühren. Den übrigen Apfelwein mit dem Knoblauch in einen Kochtopf geben und erhitzen. Den geriebenen Käse zugeben und unter Rühren schmelzen lassen. Die angerührte Speisestärke dazugießen und alles einmal aufkochen.

Das Käsefondue in das Caquelon umfüllen und auf dem Rechaud warm halten. Immer ein Apfel- und ein Brotstück gleichzeitig auf die Fonduegabel spießen und in den Käse tunken.

Flammkuchen
mit Birne und Scamorza

In puncto Knusper haben die Elsässer mit ihrem Flammkuchen gegenüber der neapolitanischen Pizza eindeutig die Nase vorn. Dafür bringt der rauchige Käse durch die Hintertür aber doch wieder einen Hauch Italien auf den Teig.

Für den Teig die beiden Mehlsorten in eine Schüssel geben und eine Mulde hineindrücken. Dort die Hefe hineinbröseln. Zucker und 50 Milliliter lauwarmes Wasser dazugießen und mit der Hefe und etwas Mehl vom Rand zu einem Vorteig verrühren. Den Vorteig 15 Minuten abgedeckt gehen lassen.

Zum Vorteig 1 knappen Teelöffel Salz, Öl und weitere 175 Milliliter warmes Wasser geben und alles vermischen. Den Teig 5 Minuten mit den Knethaken kneten, dann in einer Schüssel abgedeckt an einem warmen Ort 1 Stunde gehen lassen, bis er sein Volumen verdoppelt hat.

In der Zwischenzeit für den Belag den Scamorza grob reiben und mit dem Schmand vermischen. Die Creme mit Salz und Pfeffer abschmecken. Die rote Zwiebel schälen und in Ringe schneiden. Erst kurz vor Ende der Gehzeit die Birnen waschen, ungeschält vierteln, das Kerngehäuse entfernen und die Birnenviertel längs in schmale Scheiben schneiden.

Den Backofen auf 250 °C (Umluft 225 °C) vorheizen. Zwei Bleche mit Backpapier auslegen. Den fertig gegangenen Teig halbieren und jede Hälfte auf der bemehlten Arbeitsfläche sehr dünn ungefähr auf Blechgröße ausrollen. Die Fladen auf die Bleche legen, jeweils die Hälfte der Käsecreme darauf verstreichen und die Fladen mit Birnenscheiben und Zwiebelringen belegen. Die Flammkuchen bei Ober-/Unterhitze nacheinander, bei Umluft gleichzeitig im heißen Backofen ca. 12 Minuten backen, bis sie leicht gebräunt sind. Herausnehmen und mit abgezupfter Kresse bestreuen. Sofort servieren.

FÜR 4 PERSONEN

Zubereitung: 35 Minuten
Gehen: 1 Stunde 15 Minuten
Backen: 12 Minuten

FÜR DEN TEIG
200 g Weizenmehl (Type 550)
150 g Roggenvollkornmehl
15 g frische Hefe
1 große Prise Zucker
2 EL neutrales Pflanzenöl

FÜR DEN BELAG
100 g geräucherter Scamorza
   (oder ein anderer Räucherkäse)
200 g Schmand
schwarzer Pfeffer
1 rote Zwiebel
2 feste Birnen

AUSSERDEM
Salz
Weizenmehl zum Verarbeiten
1 Kästchen Kresse zum Servieren

Einmal vegan, einmal glutenfrei
und einmal raw, bitte!

„Weißt du was? Ich glaube, Kerstin und Christoph kennen Maren noch gar nicht. Dabei interessiert die sich doch auch so für Ernährung. Wollen wir die drei nicht mal zu uns einladen?"

„Oje – die Paleo-Jünger und die Veganerin. Ob das gut geht?"

„Ach du Schreck, daran hatte ich noch gar nicht gedacht. Was kochen wir denn dann?"

„Cocktail-Party. Kein großes Essen, sondern nur was zu trinken."

Veganer, Paleo-Anhänger, Low-Carbler, Clean Eater, Immer-die-neueste-Trend-Diät-Bejubler: Im Freundeskreis findet sich garantiert zu jedem Zeitpunkt irgendjemand, der gerade irgendwas nicht isst – aus welchen Gründen auch immer. Klar, Allergien und Unverträglichkeiten nehmen zu. Viele, die auf Gluten verzichten müssen, wären liebend gerne unkomplizierte Esser, statt höllisch auf jedes noch so kleine Mehlrestchen aufzupassen. Und so mancher Laktose-Intolerante träumt davon, in der Eisdiele mal wieder Vanille und Stracciatella bestellen zu können, ohne es nachher büßen zu müssen.

Aber aus Gastgebersicht war das Leben echt schon mal einfacher. Denn wenn unter den Eingeladenen eine keine Erdnüsse darf, der Zweite nach 18 Uhr keine Kohlenhydrate mehr zu sich nimmt und die stillende Mutter bei Hülsenfrüchten und Zwiebeln lieber abwinkt, weil sie sonst die Nacht damit verbringt, ein schreiendes Baby herumzutragen – dann wird die Menüplanung zum Puzzlespiel. Vielleicht doch lieber mit der Clique beim Lieblingsitaliener einfallen und es jedem und jeder Einzelnen überlassen, das individuell Richtige zu bestellen? Wäre auch irgendwie schade.

Das Schüsselprinzip

Aber Moment mal: Wie lief denn das bei besagtem Italiener neulich noch mal? Es ergab sich, dass alle Lust auf Antipasti hatten, sodass sich nach und nach der Tisch mit lauter kleinen Tellerchen und Schüsseln füllte. Es gab genügend Optionen für alle: reichlich mariniertes Gemüse, Parmaschinken für

die fleischfressenden Pflanzen, Oliven und Brot, Caprese und eingelegte Sardinen. Na ja, und natürlich die eine oder andere Flasche Wein. War ein richtig netter Abend.

Wäre es nicht eine Idee, das Prinzip der vielen Schüsseln zu übernehmen? Tapas oder orientalische Mezzeplatten funktionieren übrigens ganz ähnlich: viele leckere Kleinigkeiten, aus denen jeder vollkommen unaufgeregt auswählen kann, was er (oder sie) mag. Oder darf. Für die Gastgeber hat das sogar einen weiteren Vorteil: Viele der kalten Kleinigkeiten lassen sich nämlich bestens vorbereiten.

Und wenn es doch mal warmes Essen geben soll? Funktioniert der Grundgedanke immer noch: Es gibt genügend Auswahl, die Gerichte kommen gleichzeitig statt nacheinander auf den Tisch, und alle bedienen sich davon nach Belieben. Genauso laufen die alltäglichen Mahlzeiten in vielen asiatischen Kulturen ab – und bis ins 19. Jahrhundert wurde es bei Europas Reichen nicht anders gehandhabt. Alles kam gleichzeitig auf den Tisch, von der Suppe bis zur Süßspeise, und ein dreigängiges Menü bedeutete nur, dass sich die Auswahl von Gang zu Gang änderte.

Kehren wir also zurück zur Schüsselwirtschaft! Vielleicht kommt dann neben dem Schweinebraten ein veganes Kürbis-Ragout auf den Tisch, denn beides schmeckt bestens zu Semmelknödeln. Wer den Rosenkohl nicht mag, nimmt Salat – alles kein Problem. In diesem Kapitel haben wir nach diesem Prinzip jeweils ein paar Gerichte unter einem thematischen Bogen zusammengefasst. Das heißt: Alle Gerichte für die Tapas-Party oder für den italienischen Abend dürfen gleichzeitig auf den Tisch kommen (müssen es aber nicht).

Das Prinzip „basic für alle"

Zugegeben, ein bisschen Planung und Küchenorganisation erfordert das schon. Aber man kann das Prinzip auch vereinfachen und auf die Formel „schlichtes Basisgericht plus flexibles Tuning" bringen. Was das heißt? Zum Beispiel: eine simple Kürbissuppe ohne viel Drum und Dran plus lauter Schälchen mit Toppings – von den Speckwürfeln für Fleischliebhaber über saure Sahne bis zu verschiedenen Kräutern. Oder einmal Backofengemüse für alle: mit verschiedenen Dips und optionalem Lammkotelett.

Im Zweifel darf man übrigens auch immer noch die Gäste bitten, einen kleinen Beitrag zu leisten. Wer ein kompliziertes Laktose-und-Fruktose-Problem hat, freut sich womöglich sogar, den Nachtisch stiften zu können, statt die Gastgeber in allen Einzelheiten über die Zutaten der aufgetischten Cremespeise ausforschen zu müssen. Wichtig ist vor allem eins: dass sich eure Gäste mitsamt ihren Essensvorlieben oder -einschränkungen bei euch willkommen fühlen. Dann steht einem netten Abend nichts im Weg – es sei denn, die Veganerin und die Paleo-Jünger kriegen sich bei Tisch in die Haare. Aber das ist dann wirklich nicht eure Schuld.

Kürbis–Bohnen–
Pfanne

*Das Prinzip: lauter Schüsseln auf dem Tisch, aus denen sich jeder bedienen
kann. Das Thema: Texmex. Dieses feurige Gericht: wollen sowohl Veganer
als auch Fleischesser in ihre Tacos füllen. Der Abend: lang und nett.
(Die übrigen Rezepte für die Taco-Party gibt es auf den nächsten Seiten.)*

Das Kürbisfruchtfleisch in mundgerechte Würfel schneiden. Zwiebeln
und Knoblauch schälen und würfeln. Die Chipotle-Chilis hacken.
Die Flüssigkeit von den Bohnen abgießen. Das Öl in einem großen Topf
erhitzen und Zwiebeln und Knoblauch darin ca. 4 Minuten anschwitzen. Chilis, Tomaten und Bohnen dazugeben, alles mit Salz und Pfeffer
würzen, aufkochen und 20 Minuten bei geringer Hitze köcheln lassen.

In der Zwischenzeit den Salat putzen, waschen, trocken schleudern
und in Streifen schneiden. Das Koriandergrün waschen, trocken
schütteln und die Blättchen abzupfen. Die Tortillas nach Packungs-
anweisung in einer Pfanne ohne Fett oder im Backofen erwärmen.
Salat, Koriander und saure Sahne jeweils in Schälchen anrichten.
Bei Tisch füllt jeder die Tortillas nach Belieben mit Kürbis-Bohnen-
Gemüse, Carnitas (siehe S. 118), Guacamole (siehe S. 121) oder
Paprika-Apfel-Salsa (siehe S. 121).

FÜR 8 PERSONEN ALS
BESTANDTEIL EINER TACO-TAFEL

Garen: 20 Minuten

900 g Kürbisfruchtfleisch
   (geputzt gewogen)
2 Zwiebeln
6 Knoblauchzehen
1–2 eingelegte Chipotle-Chilis
   (siehe Glossar S. 200)
2 Dosen Kidneybohnen (à 400 g)
2 EL neutrales Pflanzenöl
1 Dose gehackte Tomaten (400 g)
Salz | Pfeffer

AUSSERDEM
2 Mini-Römersalate
2 Bund Koriandergrün
16 Weizentortillas (gekauft oder
   selbst gemacht, siehe S. 118)
200 g saure Sahne

Carnitas

FÜR 8 PERSONEN ALS
BESTANDTEIL EINER TACO-TAFEL

Zubereitung: 35 Minuten
Garen: 2 Stunden 30 Minuten

1,2 kg Schweineschulter ohne
   Knochen und Schwarte
8 Knoblauchzehen
4 getrocknete Tomaten
1 Bio-Orange
4 EL neutrales Pflanzenöl
½ EL gemahlener Kreuzkümmel
   (Cumin)
1 EL getrockneter Oregano
1 EL edelsüßes Paprikapulver
½ TL gemahlener Zimt
450 ml Fleischbrühe
50 ml starker Kaffee oder Espresso

Pulled Pork auf Mexikanisch: Lange gegartes Schweinefleisch wird nicht nur schön zart und mürbe, sondern gewinnt auch unglaublich viel Aroma. Dazu gibt es Tortillas, Salat und die Salsas von Seite 121.

Das Fleisch von Sehnen befreien und in 5–7 Zentimeter große Würfel schneiden. Die Knoblauchzehen schälen und halbieren. Die getrockneten Tomaten in Streifen schneiden. Die Orange heiß abwaschen, trocknen, von der Schale mit einem Sparschäler einen langen Streifen abziehen, die Orange halbieren und den Saft auspressen.

Den Backofen auf 200 °C (Umluft 180 °C) vorheizen. Das Öl in einem Bräter erhitzen und das Fleisch darin portionsweise von allen Seiten ca. 5 Minuten anbraten. Das gesamte Fleisch zusammen mit Knoblauch, getrockneten Tomaten, Orangenschale und -saft, Gewürzen, Brühe und Kaffee in den Bräter geben und aufkochen. Den Bräter in den Ofen (Mitte) schieben und das Fleisch mit aufgelegtem Deckel 2 Stunden 30 Minuten schmoren, dabei gelegentlich umrühren.

Das fertige Fleisch aus dem Sud heben und mithilfe von zwei Gabeln zerzupfen. Die Carnitas in Weizentortillas mit Salat und saurer Sahne servieren (siehe vorhergehende Doppelseite).

Selbst gemachte Tortillas

Für 12 Stück 250 Gramm Weizenmehl (Type 550) mit 1 Teelöffel Salz, 125 Milliliter warmem Wasser und 50 Milliliter neutralem Pflanzenöl 5 Minuten verkneten, dann mit Frischhaltefolie abgedeckt 30 Minuten ruhen lassen.
Den Teig in 12 Portionen aufteilen, jede zu einem runden Fladen ausrollen und in einer Pfanne ohne Fett bei hoher Temperatur von jeder Seite 1–2 Minuten backen. Die Tortillas frisch servieren.

Paprika-Apfel-Salsa

Was wären Tacos ohne Saucen und Dips? Ohne Chilisauce und Guacamole geht natürlich gar nichts. Aber diese fruchtige Salsa hat es ebenfalls verdient, künftig zum Taco-Klassiker zu werden!

Die Paprikaschote waschen, putzen und ohne Stiel und Scheidewände sehr klein würfeln. Die Salatgurke schälen, längs halbieren, die Samen mit einem Löffel herauskratzen und die Gurke klein würfeln. Die rote Zwiebel schälen und fein würfeln. Die Chilischote waschen, längs halbieren, von Stiel und Samen befreien und in feine Streifen schneiden. Den Apfel waschen und ungeschält ohne Kerngehäuse klein würfeln. Alle Zutaten in einer Schüssel mit dem Limettensaft mischen und mit Salz würzen.

FÜR 8 PERSONEN ALS
BESTANDTEIL EINER TACO-TAFEL

Zubereitung: 20 Minuten

1 grüne Paprikaschote
½ Salatgurke
1 rote Zwiebel
1 frische grüne oder
   rote Chilischote (nach Belieben)
1 säuerlicher Apfel
Saft von 1 Limette
Salz

Unverzichtbar: Guacamole

Für eine Schüssel 4 reife, aromatische Avocados (am besten der Sorte Hass) halbieren, entsteinen und das Fruchtfleisch mit einem Löffel aus der Schale lösen. Je nach Knoblauchtoleranz 1–2 Zehen schälen und durch die Presse dazudrücken. Sofort 2–3 Esslöffel Limettensaft unterrühren und die Guacamole mit Salz und Pfeffer würzen.

Weiße Schoko-Mohn-Mousse

FÜR 4 PERSONEN

Zubereitung: 20 Minuten
Kühlen: 1 Stunde

200 g weiße Schokolade
300 g Doppelrahmfrischkäse
1 TL abgeriebene Schale von
  1 Bio-Orange (nach Belieben)
2 EL Mohnsamen
300 ml Sahne

ZUM SERVIEREN
frisches Obst (z. B. Mango,
  Granatapfel, Orangen,
  Erdbeeren, Kirschen)
1 Zweig Minze

Diese Mousse lässt sich auch in vorletzter Minute noch zusammenrühren, wenn die Zeit für die Vorbereitungen doch knapper war als gedacht, denn sie kommt ohne Eischnee und Gelatine aus. Sogar ohne Mohn, wenn's sein muss.

Die weiße Schokolade in Stücke brechen und in einem kleinen Topf bei geringer Hitze schmelzen, dabei häufig mit einem Teigschaber rühren. Achtung, die Schokolade darf nicht zu heiß werden, weil sie sonst klumpig wird! Die geschmolzene Schokolade mit Frischkäse, Orangenschale und Mohn zu einer glatten Creme verrühren.

Die Sahne steif schlagen und unter die Schokoladencreme heben.
Die Mousse 1 Stunde abgedeckt im Kühlschrank durchziehen lassen.
Das Obst waschen, vorbereiten und auf vier Teller verteilen.
Die Minze waschen, trocken schütteln und die Blättchen abzupfen.
Die Mousse auf dem Obst anrichten und mit Minzblättchen dekorieren.

Bratäpfel
mit Ziegenkäse

Dessert und Käseplatte in einem – wenn das mal nicht effizient gedacht ist! Und weil die Gäste nach dem Hauptgang sowieso meistens behaupten, sie könnten überhaupt keinen Bissen mehr essen, macht es auch nichts, dass diese Bratäpfel eine Weile im Ofen brauchen. Denn dann ... wollen alle doch plötzlich eine Portion!

FÜR 4 PERSONEN

Zubereitung: 10 Minuten
Backen: 30 Minuten

2 große Äpfel
120 g Ziegenweichkäse
  (z. B. Ziegenrolle)
2 EL getrocknete Cranberrys
3 EL Ahornsirup
2 EL Apfelessig

Den Backofen auf 180 °C (Umluft 160 °C) vorheizen. Die Äpfel waschen und halbieren, das Kerngehäuse aus den Hälften herausschneiden. Die Apfelhälften mit der Schnittfläche nach oben in eine feuerfeste Form (oder Portionsförmchen) setzen.

Die Käserinde entfernen und den Käse mit einer Gabel zerdrücken. Die Cranberrys hacken und mit dem Käse vermischen. Jeweils ein Viertel der Käsemasse als Häubchen auf die Apfelhälften setzen. Ahornsirup und Apfelessig verrühren und die Mischung über die Äpfel träufeln. Die Äpfel im Backofen (Mitte) ca. 30 Minuten backen, bis sie mürbe sind. Herausnehmen und heiß servieren.

Mehr ist mehr

Dieses Rezept ergibt vier Dessertportionen, aber natürlich könnt ihr auch für jeden Gast einen eigenen Apfel braten. Einfach das Rezept verdoppeln, die Äpfel ganz lassen, das Kerngehäuse mit einem Apfelausstecher entfernen und den Käse in die entstandenen Löcher füllen.

Sommerlich
genießen

Gemüseplatte
mit Aïoli

Le Grand Aïoli – das klingt nach Sommer in der Provence, nach langen Tafeln unter Bäumen, nach Lachen und Plaudern. Auf den Tisch kommt das, was an Gemüse gerade auf dem Markt ist, oft auch Fisch. Diese Version punktet mit einer eifreien und durch Joghurt etwas leichteren Aïoli – nicht original, aber mindestens genauso gut!

FÜR 8 PERSONEN

Zubereitung: 1 Stunde 20 Minuten

FÜR DIE JOGHURT-AIOLI
½ TL Safranfäden
100 ml Milch
1 Bio-Orange
4 Knoblauchzehen
1 TL mittelscharfer Senf
150 ml neutrales Pflanzenöl
100 ml Olivenöl
200 g griechischer oder
   türkischer Sahnejoghurt
1 EL Zitronensaft

FÜR DAS GEMÜSE
1 Bund junge Möhren
1 sehr kleiner Blumenkohl
750 g kleine festkochende
   Kartoffeln (möglichst neue
   Kartoffeln)
6 Eier (Größe M oder L)
4 Zucchini
1 EL Olivenöl
3 mittelgroße Fenchelknollen

AUSSERDEM
Salz | weißer Pfeffer

Für die Joghurt-Aïoli die Safranfäden im Mörser zerreiben und mit der Milch in ein hohes Rührgefäß füllen. Die Orange heiß abwaschen und trocknen. Die Hälfte der Schale abreiben, die Frucht halbieren und aus einer Hälfte den Saft auspressen. Den Knoblauch schälen, grob hacken und mit Orangenschale und Senf zur Safranmilch geben. Die Mischung mit dem Pürierstab glatt mixen. Bei laufendem Pürierstab nacheinander die beiden Ölsorten in sehr dünnem Strahl dazugießen und weitermixen, bis die Mischung andickt. Zum Schluss Joghurt, 2 Esslöffel Orangensaft und Zitronensaft unterrühren. Die Joghurt-Aïoli mit Salz, Pfeffer und evtl. weiterem Orangensaft abschmecken. Bis zur Verwendung abgedeckt kühl stellen.

Für das Gemüse die Möhren waschen und putzen, dabei ein bisschen Grün stehen lassen. Die Möhren in einem Topf mit Dämpfeinsatz über kochendem Wasser in ca. 7 Minuten bissfest dämpfen. Den Blumenkohl waschen, putzen, in Röschen teilen und ebenfalls in 7 Minuten bissfest dämpfen. Das Gemüse nach dem Garen salzen.

Die Kartoffeln gründlich abbürsten, in wenig Salzwasser in ca. 15 Minuten gar kochen und abgießen. Die Eier in 8 Minuten hart kochen, kalt abschrecken, pellen und halbieren. Die Zucchini waschen, putzen und in fingerdicke Scheiben schneiden. Die Scheiben salzen, mit Öl bepinseln und in einer Grillpfanne von beiden Seiten je 3 Minuten braten. Den Fenchel waschen, putzen und längs vierteln.

Gemüse und Eier auf großen Platten oder in einzelnen Schüsseln anrichten, die Kartoffeln in einer Schale dazustellen. Die Aïoli auf mehrere Schälchen verteilen. Bei Tisch nimmt sich jeder von den einzelnen Zutaten und der Aïoli zum Dippen.

Asia Coleslaw

Das Geheimnis dieses Salats sind die Kaffirlimettenblätter mit ihrem unvergleichlich dufligen Zitrusaroma. Es gibt sie frisch in Asienläden. Was nicht sofort gebraucht wird, wartet einfach im Tiefkühler auf den nächsten Einsatz – und der kommt bestimmt!

Für den Salat den Weißkohl putzen, den Strunk herausschneiden, den Kohl in Achtel und diese in sehr feine Streifen schneiden oder hobeln. Die Möhren putzen, schälen und in streichholzdünne Stifte schneiden. Kohl und Möhren in einer Schüssel mischen, mit 2 Teelöffeln Salz bestreuen und mit den Händen durchkneten. So wird der Kohl etwas weicher.

Die Frühlingszwiebeln putzen, waschen und in feine Ringe schneiden. Chili längs halbieren, Stielansatz, Samen und Scheidewände entfernen und die Schoten in feine Streifen schneiden. Den Koriander waschen, sehr gut trocken schütteln und Blätter und feine Stängel grob hacken. Alles unter den Weißkohlsalat mischen.

Für das Dressing die Limetten auspressen. Die Limettenblätter gut abwischen und die Mittelrippe herausschneiden. Die Blätter in feine Streifen schneiden. Den Ingwer schälen und fein würfeln. Limettensaft, Limettenblätter und Ingwer mit Zucker, Öl und Sojasauce in ein hohes Rührgefäß geben und mit dem Pürierstab glatt mixen. Das Dressing mit dem Salat vermischen und den Asia-Coleslaw abgedeckt 30 Minuten durchziehen lassen.

Kurz vor dem Servieren die Erdnüsse grob hacken und den Salat damit bestreuen.

FÜR 6–8 PERSONEN

Zubereitung: 45 Minuten
Ziehen: 30 Minuten

FÜR DEN SALAT
750 g Weißkohl
300 g Möhren
Salz
3 Frühlingszwiebeln
1–2 frische rote oder
   grüne Chilischoten
   (je nach gewünschter Schärfe)
1 Bund Koriandergrün

FÜR DAS DRESSING
2 Limetten
8 Kaffirlimettenblätter
   (Asienladen)
10 g frischer Ingwer
2 EL Zucker
5 EL neutrales Pflanzenöl
2 EL helle Sojasauce

AUSSERDEM
100 g geröstete, gesalzene
   Erdnüsse

Feine Gemüsestreifen
Möhren in streichholzdünne Stifte zu schneiden geht am besten mit einem Julienneaufsatz für den Gemüsehobel oder mit der entsprechenden Rohkostscheibe der Küchenmaschine. Ihr könnt die Möhren natürlich auch grob reiben, aber für die Konsistenz des Salats macht das tatsächlich einen Unterschied.

Wildkräuter– *Kartoffelsalat*

Dieser Salat schmeckt jedes Mal anders, je nachdem, welche Kräuter im Sammelkorb gelandet sind. Eine Konstante sollte es allerdings geben: aromatische Kartoffeln.

FÜR 6 PERSONEN

Zubereitung: 45 Minuten
Ziehen: 1 Stunde

1,5 kg festkochende Kartoffeln
2 EL Senfkörner (gelbe oder gelbe
   und braune gemischt)
150 ml Gemüsebrühe
50 ml Weißwein- oder Apfelessig
2 Frühlingszwiebeln
2 TL mittelscharfer Senf
5 EL Olivenöl (oder neutrales
   Pflanzenöl)
Salz
2–3 Handvoll Wildkräuter
   (z. B. Brennnesseln, Giersch,
   Knoblauchsrauke, Vogelmiere)

AUSSERDEM
Essig zum Nachwürzen

Die Kartoffeln in wenig Wasser in 15–20 Minuten weich garen, abgießen und kurz ausdämpfen lassen. Gleichzeitig mit den Kartoffeln die Senfkörner in einem kleinen Topf mit Brühe und Essig aufkochen, vom Herd nehmen und ziehen lassen.

Die Frühlingszwiebeln putzen, waschen, in feine Ringe schneiden und in eine große Schüssel geben. Die Kartoffeln noch heiß pellen, in Scheiben oder Stücke schneiden und zu den Frühlingszwiebeln geben.

Den Senfkörner-Sud mit Senf, Öl und 2 Teelöffeln Salz verquirlen und über die warmen Kartoffeln gießen. Alles gut unterheben und den Salat mindestens 1 Stunde durchziehen lassen.

In der Zwischenzeit die Wildkräuter verlesen, gründlich waschen und trocken schleudern. Brennnesseln in einem Sieb mit kochendem Wasser überbrühen, um die Brennhärchen unschädlich zu machen. Sämtliche Kräuter grob hacken und kurz vor dem Servieren unter den Salat heben. Den Salat zum Schluss noch einmal mit Salz und Essig abschmecken.

Wildes Grün

Drei Regeln gibt es für Wildkräuter: 1. Sammelt nur, was ihr kennt – geführte Kräuterwanderungen sind am Anfang eine gute Idee. 2. Sammelt dort, wo man's essen kann; gedüngte Feldränder kommen dafür ebenso wenig infrage wie der städtische Hundepark. 3. Sammelt nachhaltig – lasst immer genügend Pflanzen übrig. Die Ausnahme dafür: Giersch. Hier wäre euch so mancher Gärtner dankbar, wenn ihr ihn ausrottet. (Schafft ihr allerdings sowieso nicht.) Wenn ihr euch an die Wildkräuter nicht so recht heranwagt oder gerade keine Zeit zum Sammeln habt, könnt ihr für den Salat auch reichlich Kresse verwenden.

Zucchini-Pickles

Fangt den Sommer in Gläsern ein! Diese sauer-pikant eingelegten Zucchini passen als Beilage zu Gegrilltem, peppen Sandwiches auf und verwandeln sich mit Mozzarella und ein paar Tomaten in eine kleine Mahlzeit. Zu gut, um sie nicht auszuprobieren!

Zwei Schraubdeckelgläser à 500 Milliliter Inhalt mit kochendem Wasser ausspülen und trocknen lassen.

Die Zucchini waschen, putzen und schräg in 1 Millimeter dünne Scheiben schneiden oder hobeln. Die Zwiebel schälen und in ähnlich feine Ringe schneiden. Den Dill waschen, trocken schütteln und die Spitzen von den dickeren Stängeln zupfen. Zucchini, Zwiebelringe und Dill vermischen und in die Gläser füllen.

Für den Sud alle Zutaten mit 300 Milliliter Wasser aufkochen und kochend in die Gläser füllen. Die Deckel sofort verschließen, die Zucchini-Pickles abkühlen lassen und im Kühlschrank möglichst 2 Tage durchziehen lassen. Sie halten sich gekühlt ein paar Wochen.

FÜR 2 GLÄSER À 500 ML INHALT

Zubereitung: 25 Minuten
Ziehen: 2 Tage

FÜR DAS GEMÜSE
500 g möglichst kleine und knackige Zucchini
1 kleine Zwiebel
½ Bund Dill

FÜR DEN SUD
100 ml Apfelessig
10 g Salz
20 g Zucker
½ TL gemahlene Kurkuma

Von der Lust,
im Freien zu tafeln

„Ich hab schon mal die Picknickdecke rausgelegt."

„Wie bitte? Es ist April!"

„Gestern war es in der Sonne schon so warm, dass ich den Pullover ausziehen konnte."

„Ja, drinnen, vor dem geschlossenen Fenster. Ehrlich, bis zum ersten Picknick musst du dich wohl noch etwas gedulden."

„Wollen wir nicht wenigstens schon mal hier, im Wohnzimmer ...?"

Der Duft des Sommers: blühender Holunder, Sonnenmilch, Rosé im Glas – und der Geruch von Grillanzünder, Holzkohlen und schwarz gewordenen Steaks, der friedlich um die Häuser zieht. So sehr in den letzten Jahren gewisse Grillhersteller und Zeitschriftenredaktionen auf der Jagd nach dem neuesten Trend das Wintergrillen propagiert haben, sollte man meinen, überall ständen ganzjährig Menschen um glühende Kohlen herum. Tatsächlich aber gehört das Grillen bei uns immer noch untrennbar zum Sommer.

Wenn die Tage lang werden, in der Abenddämmerung erst Mauersegler, dann Fledermäuse über die Gärten flitzen und die Zehen frei von Schuhen und Strümpfen in der warmen Brise wackeln dürfen, dann zieht es uns nach draußen: Das Abendessen gibt es auf dem Balkon, den Sonntagskaffee im Garten, und wer beides nicht hat, trägt Picknickdecke und Minigrill in den Park, um dort zwischen all den anderen Picknickern Platz zu nehmen.

Schließlich fühlt sich wenig im Leben so unbeschwert und zwanglos an wie das Essen an der frischen Luft. Was macht es hier schon, wenn irgendetwas kleckert oder spritzt? Wann gestatten wir uns sonst, hemmungslos Senf, Ketchup und Aioli gleichzeitig auf die Teller zu löffeln, um unser Brot hineinzutippen? Was natürlich nicht heißen soll, dass es notwendigerweise kulinarisch anspruchslos zugehen muss beim Freiluftmenü. Im Gegenteil: Dass die Sommer-und-draußen-Küche auch richtig edel daherkommen kann, zeigen zum Beispiel die White Dinners, zu denen sich in immer mehr Städten schick in Weiß gekleidete Menschen unter freiem Himmel treffen, um mit Wildfremden zusammen an langen Tafeln Platz zu nehmen und mitgebrachtes Essen zu teilen – Silberleuchter und Champagnerflaschen selbstverständlich im Gepäck.

Kühle Planung

Aber egal, ob ihr mehrgängige Menüs auf dem Gartentisch serviert oder einfach nur am Strand ein paar Würstchen auf den Grill legen möchtet: Das zentrale organisatorische Thema für das Essen unter warmer Sommersonne ist die Kühlung. Zugegeben, wer aus dem Garten nur einfach schnell ins Haus gehen muss, um dort den Kühlschrank zu öffnen, hat es damit etwas leichter. Aber selbst dann ist es keine gute Idee, empfindliche Gerichte länger in der Wärme auf dem Tisch stehen zu lassen. Sushi passt vielleicht besser zu einem kühlen Herbstabend, und Gerichte auf Basis von rohen Eiern sind an heißen Tagen zumindest ein Roulettespiel. Wie gut, dass sich Aioli genau wie Mayonnaise und Remoulade auch mit Milch statt Eiern herstellen lässt! (Das Rezept für Mayonnaise findet ihr auf Seite 70, das für Joghurt-Aioli auf Seite 128.)

Außer-Haus-Picknicker müssen dem Thema Kühlung noch ein paar zusätzliche Gedanken widmen, denn auch das Grillfleisch sollte vor Hitze geschützt sein, bevor es auf dem Rost landet – und wer trinkt schon gerne Bier oder Weißwein mit Kinderbadewassertemperatur? Klar, Kühlboxen und Kühlelemente sind hier die Profilösung. Wer aber nicht will, dass das alles drei Viertel des Jahres unbenutzt herumsteht

und Platz wegnimmt, kann einfach Wasser in Plastikflaschen einfrieren und mitnehmen. Die Flaschen kühlen nicht nur andere Lebensmittel, sondern können nach dem Auftauen auch einfach leer getrunken werden. Wichtig allerdings: Friert die Flasche nur zu drei Vierteln gefüllt ein, denn Eis hat ein größeres Volumen als Wasser und kann sonst die Flasche zum Platzen bringen.

Gut gerüstet und allzeit bereit

Was gehört sonst noch in den Picknickkorb? Reichlich Servietten oder, noch besser, eine Rolle Küchenpapier. Eine Flasche Wasser zum Händewaschen und zum Abspülen des Würstchens, das leider in die Asche gefallen ist. Und natürlich Müllbeutel, denn den Abfall wieder mitzunehmen und nicht einfach liegen zu lassen ist Ehrensache, oder?

Nicht nur aus Transportgründen sollten übrigens alle Behälter von Salaten, Saucen und anderen Lebensmitteln fest schließende Deckel haben. Das verhindert, dass Ameisen und Wespen am Festmahl teilnehmen. Dass vor allem Wespen trotzdem interessiert gucken kommen, lässt sich leider nicht vermeiden. Aber zum Glück sind die gelb-schwarzen Gäste normalerweise nicht aggressiv gestimmt – es sei denn, man reagiert auf sie mit hektischem Herumwedeln oder Anpusten. Beides mögen sie gar nicht. Verscheucht sie einfach mit ruhigen Bewegungen und übt euch ansonsten im Ommmm – denn auch das gehört zur Sommerküche.

4 x Salat*dressings*

Sommer ist Salatzeit: nicht nur weil kalte Gerichte jetzt ohnehin Konjunktur haben, sondern auch weil das Angebot an saisonalem Gemüse und Blattsalat einfach dazu einlädt. Damit es dem Grünbunt in der Schüssel nicht langweilig wird, gibt es hier Salatsaucenabwechslung.

Tahindressing

FÜR 4 PERSONEN

Zubereitung: 5 Minuten

2 EL Tahin (siehe Glossar S. 201)
1 TL Apfeldicksaft (ersatzweise Agavendicksaft
   oder Ahornsirup)
3 EL Zitronensaft
½ TL Harissa (siehe Glossar S. 200)
Salz

Das Tahin mit 50 Milliliter heißem Wasser glatt rühren. Apfeldicksaft, Zitronensaft und Harissa untermischen und das Dressing mit Salz abschmecken. Es passt gut zu Rohkost und robusteren Blattsalaten, vor allem solchen mit Babyspinat.

Estragondressing

FÜR 4 PERSONEN

Zubereitung: 10 Minuten

1 Zweig Estragon
   (ersatzweise ½ TL getrocknete Estragonblätter)
1 TL Dijonsenf
1 gestrichener EL Schmand
1 EL Weißweinessig
1 Prise Zucker
Salz | schwarzer Pfeffer

Frischen Estragon waschen, trocken schütteln, die Blättchen abzupfen und nicht zu fein hacken (getrockneten etwas zwischen den Fingern zerreiben). Senf, Schmand und Essig mit 1 Esslöffel Wasser verrühren, den Estragon zugeben und das Dressing mit Zucker, Salz und Pfeffer abschmecken. Es schmeckt besonders gut zu Blattsalaten.

Kartoffeldressing

FÜR 4 PERSONEN

Zubereitung: 10 Minuten

1 TL mittelscharfer Senf
3 EL neutrales Pflanzenöl
1 ½ EL Apfelessig
1 kleine gekochte Kartoffel
  (vom Vortag, Salz- oder Pellkartoffel)
1 kleines Bund Schnittlauch
Salz | Pfeffer

Senf, Öl und Essig in einer Schüssel verquirlen.
Die Kartoffel falls nötig pellen und mit einer Gabel
in der Essig-Öl-Mischung sehr fein zerdrücken,
bis ein cremiges Dressing entstanden ist.
Den Schnittlauch waschen, trocken schütteln, in
Röllchen schneiden und unterrühren. Das Dressing
mit Salz und Pfeffer abschmecken. Es schmeckt zu
Blattsalaten und gemischten Salaten. Die Kartoffel
verleiht dem Dressing etwas mehr Substanz und
sorgt dafür, dass es gut an den Salatzutaten haftet.

Cheddar-Chipotle-Dressing

FÜR 4 PERSONEN

Zubereitung: 15 Minuten

50 g Cheddar (oder mittelalter Gouda)
2 EL Mayonnaise (aus dem Glas oder selbst gemacht,
  siehe Tipp S. 70)
2 EL Naturjoghurt
1 EL Weißweinessig
1 ca. 1 cm großes Stück eingelegte Chipotle-Chili
  (siehe Glossar S. 200)
1 TL Zucker
Salz | Pfeffer

Den Käse reiben und mit Mayonnaise, Joghurt,
Essig und Chili im Mixer oder mit dem Pürierstab
glatt pürieren. Das Dressing mit Zucker, Salz und
Pfeffer abschmecken. Es schmeckt zu Nudelsalat
und gemischten Sommersalaten, besonders gut mit
Eisbergsalat.

Grillgemüse mit Chermoula

Die nordafrikanische Chermoula ist eine entfernte Verwandte des südamerikanischen Chimichurri: Beide sind scharf-aromatische Kräutersaucen und beide passen ausgezeichnet zu Gegrilltem.

Für die Chermoula Koriander- und Kreuzkümmelsamen in einer kleinen Pfanne ohne Fett anrösten, bis sie duften, dann herausnehmen und im Mörser fein zerstoßen. Paprika und Cayennepfeffer untermischen. Den Knoblauch schälen und grob hacken. Die Zitrone heiß abwaschen, trocknen, die Schale fein abreiben und den Saft auspressen. Die Kräuter waschen und gründlich trocken schütteln, die Blättchen abzupfen und grob hacken.

In einem hohen Gefäß die Kräuter mit Gewürzmischung, Knoblauch, Zitronenschale und 2 Esslöffeln Zitronensaft sowie Olivenöl zu einer Paste pürieren. Die Chermoula mit Salz abschmecken.

Für das Gemüse die Auberginen waschen, das Stielende abschneiden und die Auberginen in fingerdicke Scheiben schneiden. Die Scheiben auf beiden Seiten mit Salz bestreuen und 30 Minuten in einem Sieb Wasser ziehen lassen. Die Zucchini waschen, putzen, längs in 1 Zentimeter dicke Scheiben schneiden und salzen. Die Paprika halbieren, von Stielansatz, Samen und Scheidewänden befreien und längs in breite Streifen schneiden. Das Olivenöl mit 1 Esslöffel Chermoula verrühren.

Die Auberginenscheiben trocken tupfen und von beiden Seiten mit dem Chermoula-Öl einpinseln. Zucchinischeiben und Paprikastücke ebenso einpinseln. Das Gemüse auf dem vorgeheizten Grill von jeder Seite 2–3 Minuten grillen (alternativ in einer Grillpfanne braten). Die übrige Chermoula dazu servieren.

FÜR 4 PERSONEN

Zubereitung: 40 Minuten
Ziehen: 30 Minuten

FÜR DIE CHERMOULA
1 TL Koriandersamen
½ TL Kreuzkümmelsamen (Cumin)
2 TL edelsüßes Paprikapulver
½ TL Cayennepfeffer
1 Knoblauchzehe
1 Bio-Zitrone
1 Bund Koriandergrün
½ Bund glatte Petersilie
8 EL Olivenöl

FÜR DAS GEMÜSE
2 große Auberginen
2 große Zucchini
1 rote Paprikaschote
4 EL Olivenöl

AUSSERDEM
Salz

Köfte-Fladenbrote

Mal was anderes als Döner im Fladenbrot: nämlich kleine Frikadellen, die durch den Lammfleischanteil besonders herzhaft schmecken.

FÜR 4 PERSONEN

FÜR DEN SALAT
1 Kohlrabi
1 mittelgroße Möhre
2 Frühlingszwiebeln
Saft von ½ Zitrone

FÜR DIE JOGHURTSAUCE
½ Bund Dill
2 Knoblauchzehen
300 g türkischer oder
    griechischer Sahnejoghurt

FÜR DIE KÖFTE
250 g Rinderhackfleisch
250 g Lammhackfleisch
1 TL gemahlener Kreuzkümmel
    (Cumin)
1–2 TL Harissa
    (siehe Glossar S. 200; Menge
    je nach gewünschter Schärfe)
50 g Semmelbrösel
1 Knoblauchzehe

AUSSERDEM
Salz | schwarzer Pfeffer
neutrales Pflanzenöl zum Braten
    (bei Zubereitung in der Pfanne)
1 kleines türkisches Fladenbrot
    (ca. 25 cm Ø)

Für den Salat Kohlrabi und Möhre putzen, schälen und grob reiben. Die Gemüseraspeln mit ½ Teelöffel Salz mischen und in einem Sieb 10 Minuten Wasser ziehen lassen. Inzwischen die Frühlingszwiebeln putzen und waschen. Die weißen Teile abschneiden und für die Köfte beiseitestellen, die grünen in Ringe schneiden. Die Kohlrabi-Möhren-Mischung gut mit den Händen ausdrücken und mit Frühlingszwiebeln und Zitronensaft vermischen.

Für die Joghurtsauce den Dill waschen, gut trocken schütteln und ohne die dicken Stängel fein hacken. Den Knoblauch schälen und zum Joghurt pressen, den Dill untermischen und die Sauce mit Salz und Pfeffer würzen.

Für die Köfte die beiden Hackfleischsorten in einer Schüssel mit Kreuzkümmel, Harissa, 1 Teelöffel Salz und Semmelbröseln mischen. Den Knoblauch schälen und dazupressen, die beiseitegelegten weißen Teile der Frühlingszwiebeln fein hacken und untermischen. Den Fleischteig mit dem Knethaken oder mit der Hand gründlich kneten. Aus dem Teig 8 ovale Köfte formen.

Die Köfte auf dem Grill von jeder Seite ca. 5 Minuten grillen, bis sie durchgegart sind. Alternativ in einer Pfanne 2 Esslöffel Öl erhitzen und 4 Köfte darin bei geringer bis mittlerer Hitze pro Seite 5–7 Minuten braten. Herausnehmen und die anderen ebenso braten.

Das Fladenbrot vierteln. Jedes Viertel von der Spitze her ein-, aber nicht durchschneiden und mit Köfte, Salat und Joghurtsauce füllen. Sofort servieren.

Bourbon-
Barbecue-Sauce

Was macht eigentlich eine gute BBQ-Sauce aus? Gleichermaßen süß und
pikant muss sie sein, sie sollte auf der Zunge Erinnerungen an Holzkohlen-
feuer wecken, und sie muss zu Steaks genauso passen wie zu Spareribs.
Zum Glück – gefunden!

Eine Flasche à ca. 350 Milliliter Inhalt mit kochendem Wasser ausspülen
und trocknen lassen.

Die Zwiebel schälen und würfeln. Den Knoblauch schälen und fein
hacken. Das Öl in einem kleinen Topf erhitzen und Knoblauch und
Zwiebel darin bei geringer bis mittlerer Hitze ca. 5 Minuten farblos
anschwitzen, bis die Zwiebel glasig ist.

Die übrigen Zutaten bis auf den Whiskey zufügen, alles gut verrühren
und offen bei starker Hitze ca. 15 Minuten einkochen lassen.
Den Whiskey einrühren, alles noch einmal 5 Minuten köcheln lassen
und heiß in die Flasche abfüllen. Die Sauce nach dem Abkühlen im
Kühlschrank aufbewahren.

FÜR 1 KLEINE FLASCHE
À CA. 350 ML INHALT

Zubereitung: 30 Minuten

1 große Zwiebel
1 Knoblauchzehe
2 EL neutrales Pflanzenöl
50 ml Apfelessig
400 ml passierte Tomaten
   (Packung oder Flasche)
100 ml Ahornsirup
50 ml Worcestersauce
1 gehäufter EL mittelscharfer Senf
1 TL Pimentón de la Vera
   (siehe Glossar S. 201)
1 TL Salz
50 ml Bourbon-Whiskey

Gebeizter *Zander*

FÜR 4 PERSONEN

Zubereitung: 20 Minuten
Ziehen: 2 Tage

FÜR DEN GEBEIZTEN ZANDER

2 sehr frische Zanderfilets mit Haut
    (à ca. 250 g)
8 Wacholderbeeren
50 g Zucker
35 g Salz

ZUM SERVIEREN

½ rote Zwiebel
Butter
kräftiges Roggenbrot

Gebeizten oder „graved" Lachs kennt jeder. Aber das Prinzip, Fisch durch Salz und Zucker Wasser zu entziehen und ihn gleichzeitig würzig und haltbarer zu machen, funktioniert auch bei anderen Arten. Einzige Voraussetzung: wirklich frischer Fisch. Fragt am besten nach Zander in Sushi-Qualität.

Die Zanderfilets kalt abspülen und gut trocken tupfen. Fühlbare Gräten mit einer Pinzette herausziehen. Die Wacholderbeeren im Mörser fein zerkleinern und mit Zucker und Salz mischen. Ein Zanderfilet mit der Hautseite nach unten in eine längliche Glas- oder Porzellanform (z. B. eine Terrinenfom) legen. Die Zucker-Salz-Mischung gleichmäßig darauf verteilen, das zweite Filet mit der Fleischseite darauflegen und mit Frischhaltefolie abdecken. Den Fisch im Kühlschrank 48 Stunden beizen lassen, dabei mindestens zweimal wenden.

Vor dem Servieren den Fisch aus der Beize nehmen, mit Küchenpapier gut abwischen und mit einem schmalen, scharfen Messer schräg von der Haut in dünne Scheiben schneiden. Die Zwiebel schälen und in dünne Ringe schneiden. Die Zanderscheiben auf gebuttertes Roggenbrot legen und nach Belieben mit Zwiebelringen garnieren.

Dip zum Fisch

Wer mag, kann dazu noch einen Wacholder-Zitronen-Dip machen: Dafür 1 Bio-Zitrone heiß abwaschen, trocknen und die Hälfte der Schale fein abreiben. 12 Wacholderbeeren fein mörsern und mit Zitronenschale und 100 Gramm Crème fraîche verrühren. Den Dip mit Salz und Pfeffer würzen.

Der Geschmack
der Jahreszeiten

„Guck mal, ich hab die ersten
Erdbeeren mitgebracht!"

„Die ersten? Wir haben doch schon
vor Wochen welche gegessen."

„Schon, aber die kamen ja noch aus
Italien. Das sind die ersten aus der
Region. Der Sommer ist da!"

„Wie gut, dass man das wenigstens
an den Erdbeeren ablesen kann,
so grau, kalt und nieselig, wie es
draußen ist."

Saisonale und regionale Lebensmittel – na
klar, das ist fast allen irgendwie wichtig.
Klingt ja auch vernünftig: Man isst die
Obst- und Gemüsesorten, die auf dem Hof
nebenan angebaut werden, keine langen Transport-
wege hinter sich haben und deshalb superfrisch bei
uns auf dem Tisch landen. Und man isst sie dann,
wenn sie Saison haben und nicht aus energieaufwen-
dig beheizten Gewächshäusern kommen.

So weit alles ganz logisch, aber im Detail doch
irgendwie kompliziert. Und das nicht nur, weil
der Bauer nebenan womöglich nur Raps oder Mais
anbaut und deshalb als Held der regionalen Lebens-
mittelversorgung nur bedingt taugt. Gucken wir uns
das mit dem saisonal-regionalen Einkaufen also mal
genauer an. Dass Erdbeeren nicht gerade im Dezem-
ber Saison haben, dürfte uns allen klar sein; und sei
es nur, weil jeder Zeitschriftenartikel, jeder Online-
text dieses Beispiel gebetsmühlenartig wiederholt.
Aber jenseits von Erdbeeren und Spargel wird es
unübersichtlich. Wann hat denn eigentlich Blumenkohl Saison?

Nicht nur für Erdbeeren:
Saisonkalender

Ein Blick in einen der vielen Saisonkalender, die im
Internet verfügbar sind, verrät: Aha, im Sommer
also. Nur dass der nächste Gang in den Supermarkt
zeigt: Da liegen bergeweise Blumenkohlköpfe, und
das im Januar. Übrigens auch im Februar, März und
April. Kommen die jetzt alle von weither? Oder aus
dem total regionalen Gewächshaus?

erntet und per Schiff zu uns gebracht werden. Und es gäbe ... na ja, sonst ehrlich gesagt nicht viel. Kein Wunder, dass unsere Großmütter früher im Sommer wie wild Gemüse und Obst einkochten, um über diese lange saisonale Durststrecke zu kommen!

Informiert und undogmatisch

Das soll jetzt um Himmels willen nicht heißen, dass wir uns von der Idee einer – ja, doch: nachhaltigen Jahreszeitenküche verabschieden sollten. Nur sollten wir uns eben klarmachen, was das heißt – und zum Beispiel regelmäßig die Herkunftsangabe auf den Schildchen im Supermarkt lesen. Oder auf dem Markt den kleinen, unscheinbaren Stand mit dem übersichtlichen Angebot ansteuern, der wirklich nur Produkte aus eigenem Anbau verkauft. Oder es mal wieder mit einer Biokiste versuchen und sich das regionale Gemüse ins Haus liefern lassen.

Denn all das kann dazu inspirieren, dem Geschmack der unterschiedlichen Jahreszeiten auf die Spur zu kommen: im Winter immer wieder neue, kreative Rezepte für Wurzeln und Knollen zu finden, sich im Frühling über den ersten Freilandspinat zu freuen, im Herbst voller Genuss in den ersten Apfel der neuen Ernte zu beißen. Und vor allem: das unglaublich reichhaltige Angebot der warmen Jahreszeit zu genießen und damit zu kochen, solange der Sommer anhält.

Zweiter Erkundungsgang: der Wochenmarkt. Hier, so heißt es doch immer, bekommt man die wahrhaft saisonal-regionale Auswahl an Lebensmitteln. Am ersten Stand: Blumenkohl. Und Tomaten. Oh, und Ananas und Mango. Moment mal: regional? Tatsächlich stehen auf den meisten Wochenmärkten keineswegs nur die heimischen Bäuerinnen und Gärtner mit ihren Produkten, sondern auch Händler, die morgens in den Großmarkt fahren und dort einpacken, was aus aller Welt an Obst und Gemüse angeliefert wird – ganz genau so, wie es die Supermärkte auch machen. Und selbst viele Bauern erweitern dort ihr Angebot, damit die Kunden beim Anblick der wahrhaft saisonal-regionalen Auswahl nicht entsetzt wieder kehrtmachen.

Denn wenn wir uns wirklich zu hundert Prozent an das heimische Obst- und Gemüse-Angebot der jeweiligen Jahreszeit halten würden, sähe es gegen Ende des Winters und vor allem im Frühling ganz schön trüb aus: Es gäbe Kohl, Wurzeln und Knollen, die allerdings alle schon mehrere Monate Lagerzeit hinter sich hätten und nicht mehr ganz so taufrisch aussähen. Es gäbe Äpfel, und dass die noch knackig wirken, hat auch nur damit zu tun, dass sie gekühlt in CO$_2$-begasten Hallen gelagert werden. Was vom Energieaufwand ungefähr vergleichbar ist mit den Äpfeln, die um diese Zeit auf der Südhalbkugel ge-

Gegrillte Makrele mit
Rhabarberchutney

Fetter Fisch liebt sommerliche Säure! Wer Vorbehalte hat, die Makrele mit Obst zu kombinieren, kann sich entspannt zurücklehnen. Rhabarber zählt nämlich offiziell zu den Gemüsesorten. Voilà, Problem gelöst.

FÜR 4 PERSONEN

Zubereitung: 30 Minuten

FÜR DAS RHABARBERCHUTNEY
500 g Rhabarber
1 große rote Zwiebel
10 g frischer Ingwer
1 TL Koriandersamen
2 EL neutrales Pflanzenöl
½ TL braune Senfkörner
50 ml Apfelessig
150 g Orangenmarmelade

FÜR DIE MAKRELEN
4 Makrelen (à 400 g,
   küchenfertig vorbereitet)
1 Bund Rosmarin
2 EL Olivenöl

AUSSERDEM
Salz

Für das Rhabarberchutney den Rhabarber waschen, putzen und klein würfeln, dabei die Stangen nur falls nötig entfädeln.

Zwiebel und Ingwer schälen und fein würfeln. Die Koriandersamen grob mörsern. Das Öl in einem Topf erhitzen und Koriander und Senfkörner darin anbraten, bis die Senfkörner anfangen zu springen. Zwiebel- und Ingwerwürfel zugeben und bei mittlerer Hitze ca. 5 Minuten anschwitzen. Alles mit Essig und 50 Milliliter Wasser ablöschen und 5 Minuten bei mittlerer Hitze köcheln lassen.

Rhabarberwürfel, Orangenmarmelade und ½ TL Salz zugeben und das Chutney ca. 3 Minuten weiterköcheln, bis der Rhabarber gar, aber noch nicht zerfallen ist. Den Topf vom Herd nehmen.

Die Makrelen waschen und gut trocken tupfen. Den Rosmarin waschen, gut trocken schütteln und die Zweige in die Bauchhöhlen der Fische geben. Die Makrelen auf jeder Seite mehrmals schräg einschneiden, mit dem Öl bepinseln und salzen.

Die Makrelen auf dem Grill in ca. 20 Minuten garen, dabei zwischendurch wenden. Falls sie im Backofen zubereitet werden: Den Backofengrill vorheizen. Die Makrelen auf den Rost legen, ein Backblech darunterschieben und die Fische unter den Heizschlangen ca. 20 Minuten grillen. Die fertigen Fische mit dem Rhabarberchutney servieren.

Alternative für Makrelen
Wer keine Makrelen bekommt, kann auch Lachsfilets oder -koteletts zum Rhabarberchutney servieren. Die können natürlich auch in der Pfanne gebraten werden.

Chutney für alle Fälle
Das Chutney schmeckt lauwarm so gut wie kalt. Bleibt etwas übrig, dann füllt es einfach in Gläser ab. Es hält sich im Kühlschrank mindestens ein, zwei Wochen.

Feta-Minz-Täschchen

FÜR CA. 35 STÜCK

Praktisch, wenn die Leckereien fürs Picknick ihre eigene Verpackung mitbringen! In diesem Fall umhüllt knuspriger Teig eine salzig-süß-nussige Füllung.

Zubereitung: 1 Stunde 10 Minuten

Backen: 15–17 Minuten

100 g Butter

1 großes Bund Petersilie (ca. 100 g)

8 Zweige Minze (ca. 25 g)

2 Frühlingszwiebeln

100 g Walnusskerne

50 g getrocknete Sauerkirschen

100 g Feta (möglichst cremiger
    aus dem türkischen Laden)

1 Packung Yufka-Teigblätter
    (5 Stück, siehe Glossar S. 201)

Die Butter in einem kleinen Topf schmelzen. Die Kräuter waschen, trocken schütteln, die Blättchen abzupfen und hacken. Die Frühlingszwiebeln putzen, waschen und in Ringe schneiden. Die Walnüsse und getrockneten Kirschen hacken. Kräuter, Frühlingszwiebeln, Walnüsse und Kirschen in einer Schüssel mit dem Feta vermischen – mit cremigem Feta einfach verkneten, festen Feta vorher zerbröseln.

Den Backofen auf 200 °C (Umluft 180 °C) vorheizen. Zwei Bleche mit Backpapier auslegen. Eines der Yufka-Teigblätter auf der Arbeitsfläche ausbreiten. Die übrigen mit einem angefeuchteten Tuch abdecken, damit sie nicht austrocknen. Das runde Teigblatt in ca. 8 Zentimeter breite Streifen schneiden (das geht am besten, wenn man es vorher zum Halbkreis zusammenfaltet).

Einen Teigstreifen mit flüssiger Butter bepinseln. Auf das untere Teigende ein walnussgroßes Bällchen Füllung setzen und den Teig so darüberfalten, dass eine dreieckige Kante entsteht. Die Teigtasche nun so lange über die jeweils obere Kante klappen, bis der Teigstreifen aufgebraucht und ein dreieckiges Päckchen entstanden ist. Die Teigtasche mit der offenen Teigkante nach unten auf das Blech legen.

Auf diese Weise übrigen Teig und restliche Füllung zu Teigtaschen verarbeiten und diese blechweise im heißen Ofen (Mitte) in 15–17 Minuten hellbraun und knusprig backen. Die Täschchen schmecken lauwarm und kalt.

Die Geometrie des Yufkateigs

Wenn man runde Teigblätter in Streifen schneidet, kommen naturgemäß mal kürzere, mal längere Stücke heraus.
Beide können verwendet werden – manche Teigtaschen haben dann einfach mehr Teighülle als andere.
Bei diesem Rezept kommt es nicht auf Exaktheit an.

Erdbeer–Semifreddo

Halbgefrorenes, auf Italienisch Semifreddo, entfaltet seinen Charme dann am besten, wenn es seinem Namen gerecht wird und entweder nur knapp gefroren oder aber gut angetaut ist. Für Letzteres einfach die gewünschte Anzahl Scheiben abschneiden und bei Zimmertemperatur 10 Minuten stehen lassen, während der Rest wieder in den Frost wandert.

Die Kastenform sehr dünn mit Öl einpinseln. Einen passenden Bogen Backpapier so hineinlegen, dass Boden und lange Wände bedeckt sind. (Das Backpapier hilft dabei, das Eis nachher aus der Form zu heben, und das Öl dient dazu, dass das Backpapier an den Wänden haftet.)

Die Erdbeeren waschen, die Kelche herausschneiden und die Hälfte der Beeren in einer Schüssel pürieren. Die andere Hälfte in kleine Stücke schneiden. Die Schokolade hacken.

Die Eier trennen und die Eiweiße zu steifem Schnee schlagen. In einer zweiten Schüssel die Sahne steif schlagen. Die Eigelbe in eine dritte Schüssel geben. Die Vanilleschote längs aufschlitzen und das Mark herauskratzen. Eigelbe, Vanillemark und Zucker 5 Minuten schaumig aufschlagen.

Erst die Sahne, dann den Eischnee unter die Eigelbmasse heben. Die Masse teilen. Unter eine Hälfte Kardamom, Schokosplitter und Erdbeerstückchen rühren, die andere mit dem Erdbeerpüree vermischen. Erst die Kardamom-Schoko-Masse, dann die rosa Erdbeermasse in die Form füllen. Die Form mit Frischhaltefolie abdecken und das Semifreddo mindestens 7 Stunden gefrieren lassen. Zum Servieren aus der Form nehmen und in Scheiben schneiden.

Das Semifreddo hält sich im Tiefkühler ein paar Wochen – vor dem Servieren die abgeschnittenen Scheiben jeweils etwas antauen lassen.

FÜR 1 KASTENFORM (25 CM)

Zubereitung: 35 Minuten
Gefrieren: mindestens 7 Stunden

300 g reife Erdbeeren
50 g Bitterschokolade
4 frische Eier (Größe M)
250 ml Sahne
½ Vanilleschote
100 g Zucker
1 TL gemahlener Kardamom

AUSSERDEM
Öl für die Kastenform

Obstsalat mit *Rosmarinzucker*

FÜR 4 PERSONEN

Zubereitung: 30 Minuten
Ziehen: 2 Stunden

FÜR DEN OBSTSALAT
500 g Erdbeeren
3 reife Pfirsiche
1 Bio-Orange
1 Limette
1 EL Zucker (nach Belieben)

FÜR DEN ROSMARINZUCKER
1 Zweig Rosmarin
   (ca. 1 gehäufter EL Nadeln)
3 EL Zucker

Dieser Obstsalat hat mehr Flüssigkeit als gewohnt, aber die Saft-Orangen-schalen-Mischung verleiht den sommerlichen Früchten ein unglaubliches Aroma. Der Rosmarinzucker sorgt für einen angenehm herben Kontrapunkt.

Die Erdbeeren waschen und die Stiele mit Kelch entfernen. Große Exemplare vierteln, kleine halbieren. Die Pfirsiche waschen, halbieren, den Stein entfernen und das Fruchtfleisch in mundgerechte Stücke schneiden. Die Orange heiß abwaschen, trocknen und die Hälfte der Schale abreiben. Orange und Limette auspressen. Erdbeeren und Pfirsichstücke in einer Schüssel mit der Orangenschale mischen. Den Orangen- und Limettensaft sowie nach Belieben den Zucker dazugeben, alles gut mischen und den Obstsalat 2 Stunden abgedeckt im Kühlschrank durchziehen lassen, dabei zwischendurch ein- oder zweimal umrühren.

Für den Rosmarinzucker den Rosmarin waschen, sehr gut trocken tupfen und die Nadeln grob hacken. Die Nadeln entweder mit 1 Esslöffel Zucker im Mörser fein zerreiben und dann mit dem restlichen Zucker mischen oder die gesamte Rosmarin- und Zuckermenge im Blitzhacker fein zerkleinern.

Obstsalat und Rosmarinzucker separat servieren. So kann sich jeder etwas Zucker über die eigene Portion streuen.

Kräuterlimonade

Erfrischend spritzig und etwas weniger lieblich als die übliche Fruchtlimo, hat sich diese Kräuterlimonade ruckzuck zum unverzichtbaren Sommergetränk entwickelt.

FÜR 4 GLÄSER À 250 ML

Die Kräuter waschen, trocken schütteln und in einen Krug oder eine Karaffe mit mindestens 750 Milliliter Fassungsvermögen geben. Die Zitrone heiß waschen, trocknen, in dünne Scheiben schneiden und zu den Kräutern geben.

Den Zucker mit 500 Milliliter Wasser aufkochen und kochend heiß über die Kräuter-Zitronen-Mischung gießen. Mit einem Kochlöffelstiel ein bisschen darin herumstampfen, damit die Kräuter möglichst viel Aroma abgeben. Das Gefäß mit Frischhaltefolie abdecken und den Limonadenansatz mindestens 12 Stunden durchziehen lassen.

Die Kräuterlimonade durch ein feines Sieb abgießen und 1:1 mit Sprudelwasser auffüllen. Nach Belieben mit Eiswürfeln servieren und mit Kräuterblättchen garnieren.

Zubereitung: 15 Minuten
Ziehen: 12 Stunden

2 EL frische Thymianblättchen
3 Zweige Minze
3 Zweige Zitronenmelisse
1 Bio-Zitrone
100 g Zucker

ZUM SERVIEREN
Sprudelwasser zum Auffüllen
Eiswürfel (nach Belieben)
Minz- und Thymianblättchen zum
   Garnieren (nach Belieben)

Melonen-*Eistee*

Sicher, man kann Tee auch heiß kochen und dann abkühlen lassen. Mit dieser Methode wird er allerdings weniger bitter und mindestens genauso aromatisch.

FÜR 1 LITER

Den Tee in einen Krug oder eine Karaffe mit mindestens 1 Liter Inhalt geben und mit 1 Liter kaltem Wasser auffüllen. Den Tee abgedeckt mindestens 12 Stunden im Kühlschrank ziehen lassen.

Am nächsten Tag den Tee durch ein feines Sieb filtern. Die Limette auspressen und den Saft zum Tee geben. Aus der Melonenhälfte die Samen mit einem Löffel entfernen. Die Melone in Spalten schneiden, schälen und in feine Scheiben schneiden. Die Melonenscheiben zum Tee geben und noch einmal 2 Stunden im Kühlschrank durchziehen lassen.

Den fertigen Tee nach Belieben mit Zucker süßen und mit Eiswürfeln servieren.

Zubereitung: 10 Minuten
Ziehen: 14 Stunden

1 EL Assam-Tee (lose)
1 Limette
½ Galla-Melone
Zucker nach Belieben
Eiswürfel zum Servieren

Festlich
aufkochen

Blumenkohl-Mandel-
Süppchen

Weiß wie Schnee, rot wie die Liebe und grün wie die Hoffnung, dass noch eine zweite Portion übrig ist: Diese edle Vorsuppe ist ein Fest, und das nicht nur fürs Auge. Ach ja, vegan ist sie auch noch.

FÜR 6 PERSONEN

Zubereitung: 40 Minuten
Ziehen: 10 Minuten

FÜR DIE SUPPE
1 Schalotte
1 Knoblauchzehe
500 g Blumenkohl
   (geputzt gewogen)
2 EL neutrales Pflanzenöl
½ TL gemahlener Kardamom
800 ml Gemüsebrühe
60 g weißes Mandelmus
1–2 EL Zitronensaft
1 TL Zucker
Salz | schwarzer Pfeffer

FÜR DIE GARNITUR
4 Stängel Petersilie
1 Frühlingszwiebel
100 ml neutrales Pflanzenöl
50 g Mandelstifte
½ Granatapfel

Für die Suppe Schalotte und Knoblauch schälen und fein würfeln. Den Blumenkohl putzen, waschen und in grobe Stücke teilen (das müssen keine ordentlichen Röschen sein).

Das Öl in einem Topf erhitzen und Schalotten- und Knoblauchwürfel darin bei mittlerer Hitze ca. 5 Minuten anschwitzen. Den Kardamom darüberstreuen und 1 Minute mitbraten, bis er zu duften anfängt. Blumenkohl und Gemüsebrühe dazugeben, alles aufkochen und 10 Minuten bei geringer Hitze zugedeckt köcheln lassen.

Inzwischen für die Garnitur die Petersilie waschen, trocken schütteln, die Blättchen abzupfen und grob hacken. Die Frühlingszwiebel putzen, waschen und in Ringe schneiden. Petersilie und Frühlingszwiebel mit dem Öl pürieren. Die Mandelstifte in einer kleinen Pfanne ohne Fett bei geringer Hitze goldgelb anrösten. Die Granatapfelkerne auslösen.

Sobald der Blumenkohl sehr weich ist, das Mandelmus in den Topf geben und alles mit dem Pürierstab sehr fein pürieren. Die Suppe mit Zitronensaft, Zucker, Salz und Pfeffer abschmecken, 10 Minuten auf der ausgeschalteten Platte durchziehen lassen und danach noch einmal abschmecken.

Die Suppe auf Teller verteilen. Auf jede Portion etwas Petersilienöl träufeln und Mandelstifte und Granatapfelkerne darüberstreuen.

Rote-Bete-Carpaccio mit Kumquats

Süßliche Knolle trifft Zitrusfrische – wunderbar! Damit aber die kombinierte Süße von Roter Bete und Orange dieses Gericht nicht in die Dessert-Abteilung versetzt, hält pikanter Käse dagegen.

Für das Carpaccio die Rote-Bete-Knollen einzeln in Alufolie wickeln und auf ein Backblech im Backofen (Mitte) legen. Den Ofen auf 200 °C (Umluft 180 °C) aufheizen und die Knollen darin 1 Stunde bis 1 Stunde 30 Minuten backen, bis sie weich sind (mit einem spitzen Messer prüfen). Die fertig gegarten Knollen herausnehmen und etwas abkühlen lassen.

Für die Marinade die Orange heiß abwaschen und trocknen. 2 Teelöffel Schale fein abreiben und den Saft auspressen. Schale und Saft mit Zitronensaft, Honig und Olivenöl gut verquirlen oder noch besser mit dem Pürierstab glatt mixen. Die Marinade mit Salz und 1 Teelöffel schwarzem Pfeffer abschmecken.

Die Rote Bete schälen und in sehr dünne Scheiben schneiden. Die Rote-Bete-Scheiben in einer Schüssel oder Gefrierdose gut mit der Marinade vermischen, das Gefäß verschließen und die Rote Bete im Kühlschrank mindestens 4 Stunden durchziehen lassen.

Die Rote Bete mindestens 1 Stunde vor dem Servieren aus dem Kühlschrank nehmen: Das Olivenöl, das bei Kühlschranktemperatur fest und grisselig geworden ist, soll in dieser Zeit wieder flüssig werden. Den Salat waschen, putzen und trocken schleudern. Die Kumquats waschen und in dünne Scheiben schneiden, dabei die Kerne entfernen. Die Walnüsse grob hacken.

Die Rote-Bete-Scheiben auf vier Tellern kreisförmig anordnen und mit den Kumquatscheiben belegen. Jeweils etwas Salat daraufsetzen und mit der Marinade beträufeln. Alles mit den Walnüssen bestreuen und den Stilton darüberbröseln.

FÜR 4 PERSONEN

Zubereitung: 20 Minuten
Backen: 1 Stunde 30 Minuten
Ziehen: 4 Stunden

FÜR DAS CARPACCIO
3 Rote-Bete-Knollen (à ca. 250 g)
2 Handvoll Blattsalat (möglichst eine dekorative Mischung, z. B. Friséesalat, Feldsalat, Radicchio)
8 Kumquats (ersatzweise Filets von 1 Orange)
30 g Walnusskerne
50 g Stilton (oder ein anderer würziger Blauschimmelkäse wie Roquefort)

FÜR DIE MARINADE
1 Bio-Orange
1 EL Zitronensaft
1 TL Honig
60 ml aromatisches Olivenöl
Salz | schwarzer Pfeffer (oder Langer Pfeffer, siehe Glossar S. 200)

Gurkenmousse, Gurken-Gin-Tatar *und* Schinken

FÜR 4 PERSONEN

Zubereitung: 45 Minuten
Kühlen: 2 Stunden 30 Minuten

FÜR DIE GURKENMOUSSE
2 Blatt Gelatine
½ Salatgurke
2 TL Zitronensaft
¾ TL Salz | schwarzer Pfeffer
100 ml Sahne

FÜR DAS GURKEN-GIN-TATAR
½ Salatgurke
½ Bio-Zitrone
2 EL Gin

AUSSERDEM
4 dünne Scheiben luftgetrockneter
   Schinken (z. B. Parmaschinken)
geröstetes Weißbrot zum
   Servieren (nach Belieben)

Huch, hier hat sich der Aperitif in die Vorspeise gemogelt! Und die beweist einmal mehr, dass Gin und Gurke einfach ein Traumpaar abgeben.

Für die Gurkenmousse die Gelatine in einer Schüssel mit kaltem Wasser einweichen. Die halbe Salatgurke waschen, putzen und zur Hälfte schälen (wenn etwas Schale dranbleibt, bekommt die Mousse eine schönere Farbe). Die Gurkenhälfte in grobe Stücke schneiden und mit dem Zitronensaft in einer Schüssel mit dem Pürierstab pürieren. Das Gurkenpüree sehr kräftig salzen und pfeffern: Gelatine und Sahne „schlucken" Würze, daher darf das Püree ruhig etwas überwürzt schmecken.

Die Gelatine aus dem Wasser nehmen und tropfnass in einem kleinen Topf bei geringer Hitze schmelzen lassen. 2 Esslöffel Gurkenpüree einrühren, dann die gesamte Gelatinemischung unter das übrige Gurkenpüree rühren. Das Püree abgedeckt 30 Minuten in den Kühlschrank stellen, bis es anfängt zu gelieren.

Die Sahne sehr steif schlagen und unter das Gurkenpüree heben. Die Gurkenmousse abdecken und mindestens 2 Stunde in den Kühlschrank stellen, bis sie vollständig fest geworden ist.

In der Zwischenzeit für das Gurken-Gin-Tatar die Salatgurke putzen und schälen. Das glasige Innere mit den Samen mithilfe eines Teelöffels herauskratzen und die Gurkenhälfte in kleine Würfel schneiden. Die Zitronenhälfte heiß abwaschen, trocknen und die Schale fein abreiben oder streifig mit einem Zestenreißer abziehen. Gurkenwürfel und Zitronenschale mit dem Gin in einer Schüssel mischen und abgedeckt kalt stellen.

Aus der Gurkenmousse mit einem Esslöffel Nocken abstechen und auf vier Tellern verteilen. Jeweils etwas Gurken-Gin-Tatar dazugeben und mit je 1 Scheibe Schinken anrichten. Das Weißbrot nach Belieben dazu servieren.

Menükomposition
mit machbaren Vorzeichen

„Du, mögen deine Eltern
eigentlich Lamm?"

„Ich glaub schon. Warum?"

„Wir hatten doch mal überlegt,
sie dieses Jahr Weihnachten
zu uns einzuladen. Ich hab da
neulich ein tolles Rezept für eine
Lammkeule gesehen, das könnte
ich mir für den Anlass richtig gut
vorstellen."

„Also, bei uns hat es immer
schon Gans zu Weihnachten
gegeben."

„Und?"

„Und was?"

„Dann wird es doch mal Zeit,
etwas Neues auszuprobieren,
oder?"

W eiße Tischdecke, brennende Kerzen, erwartungsvolle Gäste am Tisch: Zu besonderen Anlässen darf es ruhig mal ein bisschen feierlicher und traditioneller zugehen. Wobei gerade an Weihnachten, manchmal auch an Ostern, die Vorstellungen über die maßgeblichen Festtraditionen weit auseinandergehen können. In deiner Familie gab es zu Weihnachten immer Gans? In meiner Karpfen. Oder Schweinebraten mit Sauerkraut. Was sich aber sowieso erledigt hat, seit die Schwester Vegetarierin ist und der Vater mit dem Cholesterin aufpassen muss.

Zum Glück gibt es auch noch reichlich unverfänglichere Gelegenheiten, Familie oder Freunde zu einem festlichen Essen einzuladen: als Dankeschön für die Hilfe bei der Hochzeitsfeier. Zu Mutters Geburtstag, damit sie einmal nicht selbst kochen muss. Oder einfach weil Sonntag ist. Keine Familientraditionen weit und breit, auf die Rücksicht genommen werden müsste – prima, machen wir uns also an die Menüplanung.

Die Harmonie der Gänge

Wobei die Sache natürlich trotzdem kompliziert sein kann, wenn mehrere Menschen mit diversen Essenseinschränkungen am Tisch sitzen. Blättert in diesem Fall auf Seite 114 zurück, denn dort gibt es ein paar Ideen, wie sich das Problem umgehen lässt. Gehen wir an dieser Stelle einfach mal davon aus, dass alle eher unkomplizierte Esser sind, und fangen wir an, in Kochbüchern und Zeitschriften zu blättern und das Internet nach Ideen zu durch-forsten.

Nach kurzer Zeit liegt eine lange Liste mit möglichen Gerichten vor uns. Hilfe, wie wird daraus jetzt eine runde Sache? Die klassischen Regeln der Menüzusammenstellung kennen ein Grundprinzip: das der größtmöglichen Abwechslung, und zwar von Zutaten, Zubereitungs-arten und sogar Farben. Auf eine weiße Blumenkohl-suppe sollte daher nicht gerade ein Braten mit heller Sahnesauce folgen, und nach Ente à l'orange gleich noch ein Orangensorbet zu servieren wäre ziemlich langweilig. Wenn ihr als Vorspeise marinierte Rote Bete anbietet, dann ist ein Salat mit Vinaigrette als Beilage zum Hauptgericht nicht die erste Wahl, und so weiter.

Natürlich darf man diese Grundregel auch mal durchbrechen: Beim Spargelmenü liegt es in der Natur der Sache, dass Spargel in mehreren Gängen auftaucht, und ist der ganze Abend indisch inspi-riert, dann dürften Gewürze in den meisten Gerich-ten eine wichtige Rolle spielen. Aber auch hier sollte es innerhalb des vorgegebenen Rahmens so viel Unterschiedliches wie möglich geben: Scharfes und Mildes, leichtere und üppigere Speisen.

Topfeinsatz und Ofenplan

Viel wichtiger ist aber, dass ihr die ausgewählten Rezepte realistischerweise in der verfügbaren Zeit und mit dem verfügbaren Equipment kochen könnt. Werft daher einen kritischen Blick auf die Anzahl eurer Pfannen, Töpfe und Herdplatten und über-legt, ob sie mit den Rezepten zusammenpasst. Den Backofen nicht vergessen: Soll darin ein Braten über mehrere Stunden bei 80 Grad sanft garen, dann wird es nicht funktionieren, als Beilage Ofenkartoffeln anzubieten. Die brauchen nämlich ebenfalls ihre Zeit im Ofen, allerdings bei wesentlich höherer Temperatur.

Am praktischsten sind ohnehin Rezepte, die sich weitgehend vorbereiten lassen oder lange ohne be-sondere Betreuung vor sich hin garen und nur ganz zum Schluss noch wenige Handgriffe erfordern. Vor allem aber sollte das Menü zu euch und eurem per-sönlichen Kochstil – und natürlich dem Grad eurer Übung in der Küche – passen. Und wenn ihr Rezepte wählt, die ihr schon einmal erfolgreich gekocht habt oder sogar aus dem Effeff beherrscht, dann bringt es euch auch nicht aus der Ruhe, wenn Onkel Franz schon mal neugierig die Topfdeckel hebt und wissen will, ob das auch schmeckt. Denn dann könnt ihr ihm im Brustton der Überzeugung versichern: „Schmeckt wirklich toll!"

Crostini mit Avocado
und Räucherforelle

Knusprig geröstetes Brot als Unterlage für alle möglichen feinen Kleinigkeiten gehört zu den Jokern der Menüplanung: schnell gemacht, unendlich variabel und immer wieder ein Oho wert.

Die Avocado halbieren und den Kern entfernen. Das Fruchtfleisch mit einem Löffel aus der Schale lösen. Avocado und Räucherforelle in einer Schüssel mit einer Gabel zu einer stückigen Creme vermischen und diese mit Zitronensaft und Salz abschmecken.

Die Ciabattascheiben toasten. Den rosa Pfeffer grob mörsern. Die Avocado-Räucherfisch-Creme auf die Brotscheiben streichen. Die Crostini nach Belieben kurz unter dem Backofengrill erwärmen und mit rosa Pfeffer bestreuen. Sofort servieren.

FÜR 4 PERSONEN

Zubereitung: 10 Minuten

1 kleine reife Avocado
100 g geräucherte Forelle
2 EL Zitronensaft
Salz

AUSSERDEM
8 Scheiben Ciabatta
rosa Pfeffer (Schinus) zum
    Bestreuen

Pho-Bo-Tafelspitz mit
Koriander-Erdnuss-Pesto

FÜR 4 PERSONEN

Zubereitung: 50 Minuten
Garen: 2 Stunden 30 Minuten

FÜR TAFELSPITZ UND PHO BO
500 g Rinderknochen (vom
   Metzger in Stücke sägen lassen)
4 Knoblauchzehen
2 Stängel Zitronengras
   (Asienladen)
10 g frischer Ingwer
1 kg Tafelspitz
1 Sternanis
100 ml Fischsauce
   (siehe Glossar S. 200)

FÜR DAS PESTO
1 Stängel Zitronengras
   (Asienladen)
1 großes Bund Koriandergrün
   (ca. 100 g)
1 Frühlingszwiebel
80 g geröstete, gesalzene
   Erdnüsse
100–120 ml neutrales Pflanzenöl
1 kleine frische grüne Chilischote
   (nach Belieben)
½ Bio-Limette
Salz

Das Praktische am Tafelspitz? Dass dieses Hauptgericht die Vorspeise in Form einer Schale dampfender Brühe gleich mitliefert. Die erinnert hier nicht zufällig an das Nationalgericht Vietnams, die gewürzduftende Pho Bo.

Für Tafelspitz und Pho Bo die Knochen in einem Topf mit Wasser aufkochen und in ein Sieb abgießen. Knoblauch schälen und halbieren, Zitronengras waschen und ein wenig weich klopfen. Den Ingwer ungeschält in Scheiben schneiden. Den Tafelspitz in einen großen Topf legen und Knochen, Knoblauch, Zitronengras, Ingwer, Sternanis und Fischsauce zugeben. Alles knapp mit heißem Wasser bedecken, aufkochen und bei geringster Hitze zugedeckt ca. 2 Stunden 30 Minuten köcheln lassen, bis sich das Fleisch weich anfühlt.

In der Zwischenzeit für das Pesto das Zitronengras waschen und die äußeren Hüllblätter entfernen. Das weiche untere Drittel des Stängels in feine Ringe schneiden. Koriandergrün waschen und trocken schleudern. Die Blättchen abzupfen und grob hacken. (Nicht verwendete Teile von Zitronengras und Koriander können mit in den Suppentopf wandern.) Die Frühlingszwiebel waschen, putzen und in Ringe schneiden. Alle vorbereiteten Zutaten mit Erdnüssen und 100 Milliliter Öl in einen hohen Rührbecher geben und mit dem Pürierstab pürieren oder im Mixer zu einer nicht ganz glatten Paste zerkleinern. Falls die Paste zu fest wird, noch etwas Öl zugeben.

Die Chili, falls verwendet, waschen, längs aufschlitzen, von Stiel und Samen befreien und fein würfeln. Die Limettenhälfte heiß abwaschen, trocknen, die Schale fein abreiben und den Saft auspressen. Chili, Limettenschale und 1 Esslöffel Saft unter die Paste mischen und das Pesto mit Salz und evtl. noch etwas Limettensaft abschmecken.

Den fertigen Tafelspitz aus dem Topf heben und in Scheiben schneiden. Mit dem Pesto servieren. Dazu passen Reisnudeln oder Duftreis und Möhren oder grünes Wok-Gemüse.

Asiatisches Suppenglück

Die klassische Pho Bo wird mit vielfältigen Einlagen serviert: separat gegarten Reisbandnudeln, gegartem und hauch-dünn geschnittenem rohem Rindfleisch, Limetten und asiatischen Kräutern. Ihr könnt eine solche Suppe entweder in kleinen Portionen als Vorspeise im Rahmen eines Menüs oder am nächsten Tag als wärmendes Hauptgericht servieren.

80-Grad-Schweinefilet
mit Apfel-Senf-Sauce

Sanft und langsam bei sehr niedriger Temperatur im Backofen gegart, kommt das Fleisch schön rosig und vor allem supersaftig auf die Teller. Und weil es so gut schmeckt, legen echte Fleischfans gleich zwei Filets für vier Personen in den Ofen.

Den Backofen auf 80 °C (Umluft nicht empfehlenswert) vorheizen. Das Schweinefilet von Sehnen befreien. Die dünne Filetspitze umklappen und mit Küchengarn so binden, dass das Stück Fleisch überall ungefähr gleich dick ist. Das Fleisch rundum salzen. Das Öl in einer Pfanne erhitzen und das Filet darin in ca. 6 Minuten von allen Seiten braun anbraten. Das Fleisch in eine ofenfeste Form legen und im Backofen (Mitte) ca. 2 Stunden garen. Falls ein Fleischthermometer vorhanden ist: Die Kerntemperatur sollte 65 °C betragen.

In der Zwischenzeit für die Sauce 1 Esslöffel Butter und Mehl verkneten und abgedeckt kalt stellen. Die Schalotte schälen und fein würfeln. Den übrigen Esslöffel Butter in einem kleinen Topf aufschäumen lassen und die Schalottenwürfel darin bei mittlerer Hitze ca. 5 Minuten glasig anschwitzen. Die Schalotte mit Weißwein und Brühe ablöschen. Alles aufkochen, 5 Minuten offen bei hoher Temperatur einkochen lassen, dann die Mischung durch ein feines Sieb geben.

Kurz vor Ende der Garzeit des Fleischs die Apfelhälfte waschen und ungeschält in sehr feine Würfel schneiden. Die Saucenbasis mit der Sahne aufkochen und ca. 5 Minuten köcheln lassen. Ein kleines Stückchen von der Mehlbutter einrühren und die Sauce damit andicken. Falls sie noch zu dünn ist, etwas mehr Mehlbutter einrühren. Zum Schluss Senf und Apfelwürfel dazugeben und die Sauce mit Salz und Pfeffer abschmecken.

Das Fleisch aus dem Ofen nehmen, in fingerdicke Scheiben schneiden und mit der Sauce auf vorgewärmten Tellern servieren. Dazu passen Kartoffelspalten aus Kartoffeln vom Vortag, die ihr einfach in der Pfanne aufbratet.

FÜR 4 PERSONEN

Zubereitung: 35 Minuten
Garen: 2 Stunden

FÜR DAS FLEISCH
1 Schweinefilet (ca. 600 g)
2 EL neutrales Pflanzenöl

FÜR DIE APFEL-SENF-SAUCE
2 EL Butter
1 EL Weizenmehl
1 Schalotte
150 ml Weißwein
300 ml Hühner- oder
   Gemüsebrühe
½ säuerlicher Apfel
200 ml Sahne
1 EL körniger Senf

AUSSERDEM
Küchengarn
Salz | schwarzer Pfeffer

Bitte
Platz nehmen!

„Sag mal, hast du mein Lineal irgendwo gesehen?"

„Lineal? Ich dachte, du kümmerst dich ums Tischdecken – die Gäste rücken gleich an!"

„Mach ich ja. Kennst du nicht den Vorspann von Downton Abbey? Da misst der Butler auch immer noch mal den Abstand zwischen Besteck und Tellern nach."

„Okay, das reicht. Lös mich hier bitte mal beim Umrühren ab, ich glaube, ich decke den Tisch lieber schnell selbst."

Bei der Lektüre mancher Ratgeber zum Thema „gedeckter Tisch" könnte man den Eindruck bekommen, es gäbe keine größere Peinlichkeit, als beim Gästebewirten den Löffel für die Vorsuppe falsch platziert zu haben. Wirklich? Wer lädt sich denn Gäste ein, die so etwas peinlich finden?

Andererseits schadet es nicht, gewisse Grundregeln zu kennen. Sonst passiert so was: Man will den Tisch mal richtig schön edel und festlich decken, und dann steht man da mit den ganzen Messern und Gabeln und fragt sich, welches Besteckteil denn nun eigentlich wohin kommt. Und gehört das Weißweinglas nach links und das für Rotwein nach rechts oder umgekehrt?

Eigentlich ganz simpel

Generell gibt es zwei Grundprinzipien, und die lauten

- beim Besteck: von außen nach innen;
- bei den Gläsern: von rechts nach links.
- Oder in Langform: Messer, Gabeln und Löffel werden klassischerweise so um den Teller herum angeordnet, dass man sich beim Essen von Gang zu Gang immer weiter in Richtung Teller vorarbeitet. Links vom Teller liegt also ganz außen die Gabel für die Vorspeise, dann die für den Fisch- und die für den Fleischgang; auf der rechten Seite entsprechend die Messer. Deren Schneide weist übrigens zum Teller, nicht nach außen.

Auch der Löffel für eine Vorsuppe liegt rechts – oder aber über dem Teller, und zwar mit dem Griff nach rechts, sodass man ihn mit der rechten Hand gut greifen kann. Das Werkzeug fürs Dessert findet sich ebenfalls über dem Teller, aber unter dem Suppenlöffel. Hier gilt also auch das Prinzip: von Gang zu Gang näher an den Teller. Eine Ausnahme gibt es: Das Buttermesser liegt auf dem Brotteller, und der steht links vom Teller für das Hauptgericht.

Ja, schon klar: Brotteller, Fischbesteck, Fleischbesteck – das klingt fast, als bräuchte man als Nächstes noch einen Lakaien in Livree, der den Gästen von links die Silberplatten zureicht. Aber es ging ja ums Prinzip, oder? Und das gilt auch, wenn nur ein Salat als Vorspeise und Pasta als Hauptgericht auf den Tisch kommen.

Deshalb: Bringen wir die Sache mit den Gläsern auch noch schnell hinter uns. Wie gesagt, die Regel lautet hier „von rechts nach links". Das Glas, aus dem das Getränk zum ersten Gang getrunken wird (oft, aber nicht immer das Weißweinglas), steht über dem Sortiment an Messern rechts vom Teller. Links davon kommt das Glas für den nächsten, noch weiter links das für den übernächsten Gang. Das Wasserglas steht über dem Teller.

Regeln sind zum Brechen da

Und was ist, wenn überhaupt nicht genügend Geschirr, Besteck und Gläser vorhanden sind? Schließlich sind zum Glück die Zeiten vorbei, zu denen Mädchen ab dem 14. Geburtstag „für die Aussteuer" Silberlöffel und Damastservietten geschenkt bekamen. So mancher Pärchenhaushalt startet erst einmal mit einem Sortiment nicht zusammenpassender Supermarkt-Cromargan-Besteckteile.

In dem Fall gibt es drei Möglichkeiten: Keine Gäste einladen. (Schade drum.) Sich in Unkosten stürzen und ein zigteiliges Silberbesteck anschaffen, das künftig jede zweite Woche in stiller Eintracht geputzt wird. (Habt ihr nichts Besseres zu tun?) Oder mit dem vorliebnehmen, was da ist, und Stilbrüche selbstbewusst zum Prinzip erklären. Den Haushalt aufstocken kann man schließlich auch nach und nach.

Ein gelungener Abend mit Gästen steht und fällt bestimmt nicht mit dem Preis des Bestecks, und einen Tisch hübsch zu decken heißt nicht, die Gläser akkurat auszurichten. Wer aber weiß, wie die Gedecke einheitlich und sortiert aussehen, kann dieses Wissen im Hinterkopf behalten – und dann Blumen kaufen gehen.

Wildschweinragout
mit Backpflaumen

FÜR 4 PERSONEN

Zubereitung: 1 Stunde
Garen: 1 Stunde 30 Minuten

1 kg Wildschwein
  (am besten aus der Schulter)
1 Zwiebel
2 Knoblauchzehen
200 g Knollensellerie
200 g Möhren
5 Zweige Thymian
2 TL Wacholderbeeren
1 TL Pimentkörner
Salz | schwarzer Pfeffer
1 EL Weizenmehl
3 EL Butterschmalz oder
  neutrales Pflanzenöl
1 EL Tomatenmark
350 ml kräftiger Rotwein
500 ml Hühner- oder
  Gemüsebrühe
150 g entsteinte Trockenpflaumen
1 EL Speisestärke (nach Belieben)
2–3 EL Aceto balsamico

Schmorgerichte sind äußerst gastgeberfreundlich, denn sie brauchen kaum Aufmerksamkeit und liefern trotzdem wunderbar mürbes Fleisch und reichlich Sauce mit hohem Mehr-davon-Faktor.

Das Fleisch von groben Sehnen befreien und 5–7 Zentimeter groß würfeln. Die Zwiebel schälen und grob würfeln. Knoblauch schälen und halbieren. Sellerie und Möhren putzen, schälen und in kleine Würfel schneiden. Den Thymian waschen und trocken schütteln. Wacholder und Piment grob mörsern.

Das Fleisch salzen, pfeffern und mit dem Mehl mischen. 2 Esslöffel Butterschmalz oder Öl in einem Bräter erhitzen und das Fleisch darin in zwei bis drei Portionen bei hoher Temperatur rundum anbraten. Sobald es braun ist, das Fleisch herausnehmen. Den übrigen Esslöffel Butterschmalz oder Öl im Bräter erhitzen und Zwiebel und Knoblauch darin ca. 5 Minuten bei mittlerer Hitze anschwitzen. Tomatenmark und übriges Gemüse dazugeben und bei mittlerer Hitze kurz mitbraten. Alles mit 150 Milliliter Rotwein ablöschen und die Flüssigkeit bei hoher Temperatur fast vollständig einkochen lassen. Das Fleisch mit den restlichen 200 Milliliter Rotwein, Brühe, Thymianzweigen, Wacholder und Piment zugeben, alles aufkochen und zugedeckt bei geringster Hitze ca. 1 Stunde 30 Minuten sanft schmoren lassen.

Inzwischen die Trockenpflaumen halbieren. Aus dem fertigen Ragout das Fleisch herausnehmen und den übrigen Inhalt des Bräters durch ein feines Sieb geben, dabei das Gemüse gut ausdrücken. Die Sauce wieder zurück in den Bräter geben, aufkochen und bis zur gewünschten Konsistenz einkochen lassen. Wer die Sauce noch stärker gebunden haben möchte, kann die Speisestärke mit etwas kaltem Wasser anrühren und in die kochende Flüssigkeit einrühren. Fleisch und Trockenpflaumen in die Sauce geben und alles noch 10 Minuten bei geringster Hitze ziehen lassen. Das Ragout mit Aceto balsamico, Salz und Pfeffer abschmecken. Dazu schmecken Bandnudeln oder Spätzle.

Weich oder nicht weich?

Fleisch für Wildschweinragout oder -gulasch wird oft schon fertig gewürfelt angeboten. Es ist dann nicht mehr erkennbar, von welchem Teil des Tiers das Fleisch stammt. Das hat Einfluss auf die Garzeit. Im Zweifel: zwischendurch probieren.

Chili-Limetten-Fisch
mit Süßkartoffeln

Der Fisch gart im Ofen blitzschnell. Die Vorspeisenteller sollten also schon abgeräumt sein, wenn er für einen kurzen Schlummer auf sein Süßkartoffelbett gelegt wird.

Den Backofen auf 200 °C (Umluft 180 °C) vorheizen. Die Süßkartoffeln schälen, putzen und in mundgerechte Stücke schneiden. Die Knoblauchzehen schälen und fein würfeln. Die Chilischoten waschen, längs halbieren, von Stielen und Samen befreien und in feine Streifen schneiden. Süßkartoffeln, Knoblauch, Chili, Öl und Koriander auf einem tiefen Backblech gründlich vermischen und salzen. Die Süßkartoffeln im Ofen (Mitte) ca. 30 Minuten backen, bis sie fast weich sind.

In der Zwischenzeit die Frühlingszwiebeln waschen, putzen und in 2 Zentimeter lange Stücke schneiden. Die Bio-Limette heiß abwaschen, trocknen und die Schale fein abreiben. Beide Limetten auspressen. Limettensaft und -schale in einer Schüssel mit Fischsauce und Zucker vermischen. Den Fisch trocken tupfen und in vier Stücke schneiden.

Die Frühlingszwiebeln mit den Süßkartoffeln auf dem Blech mischen. Den Fisch darauflegen und alles mit der Limettenmischung begießen. Alles weitere 8–10 Minuten backen, bis der Fisch gerade gar ist.

FÜR 4 PERSONEN

Zubereitung: 30 Minuten
Backen: 40 Minuten

1,5 kg Süßkartoffeln
6 Knoblauchzehen
1–3 frische Chilischoten
   (je nach gewünschter Schärfe)
3 EL neutrales Pflanzenöl
2 TL gemahlener Koriander
Salz
1 Bund Frühlingszwiebeln
2 Limetten, davon 1 Bio-Limette
2 EL Fischsauce
   (siehe Glossar S. 200)
1 EL Zucker
800 g Fischfilet
   (z. B. Kabeljau oder Seelachs)

Fisch in Salzkruste
mit Misobutter

FÜR 4 PERSONEN

Zubereitung: 35 Minuten
Backen: 25 Minuten

FÜR DEN FISCH IN SALZKRUSTE

3 Eiweiß
2,5 kg grobes Salz
2 ganze Wolfsbarsche (à ca. 800 g,
   küchenfertig vorbereitet)
1 Bio-Zitrone
½ Bund Dill

FÜR DIE MISOBUTTER

50 g Butter
2 TL dunkle Misopaste
   (Genmai-Miso,
   siehe Glossar S. 201)

Auspacken, bitte: Vor Messer und Gabel kommt hier erst einmal der Hammer zum Einsatz, um die Salzkruste zu öffnen. Die sorgt nicht nur für Überraschungseffekte bei Tisch, sondern vor allem dafür, dass der Fisch darunter supersaftig bleibt.

Den Backofen auf 200 °C (Umluft 180 °C) vorheizen. Die Eiweiße leicht schlagen und in einer großen Schüssel mit dem Salz und 75 Milliliter Wasser vermischen. Die Fische außen und innen trocken tupfen. Die Zitrone heiß abwaschen, trocknen und in Scheiben schneiden. Den Dill waschen und trocken schütteln. Die Bauchhöhlen der Fische mit Zitronenscheiben und Dill füllen.

Ein Blech mit Backpapier auslegen. Darauf aus knapp der Hälfte des Salzes ein Salzbett formen, die beiden Fische darauflegen und mit dem übrigen Salz bedecken. Das Salz soll eine gleichmäßige Schicht auf den Fischen bilden. Die Fische im heißen Backofen (Mitte) ca. 25 Minuten backen.

In der Zwischenzeit für die Misobutter die Butter schmelzen, die Misopaste einrühren und die Misobutter warm halten.

Die fertigen Fische aus dem Ofen nehmen. Die Salzkruste bei Tisch mit einem Hammer aufbrechen, Salz und Fischhaut entfernen und die Fischfilets mit Misobutter beträufelt servieren. Dazu passt Wasabi-Erbsen-Püree (siehe S. 189).

4x schnelle *Beilagen*

Ein richtig feierliches Menü erfordert gewisse Jonglierkünste mit Töpfen und Pfannen, mit Herdplatten und Ofenplatz. Diese vier Beilagen brauchen keine große Aufmerksamkeit, machen aber trotzdem viel her.

Thymian–Wirsing

FÜR 4 PERSONEN

Zubereitung: 15 Minuten
Garen: 10 Minuten

1 große Zwiebel
1 Wirsing (ca. 900 g)
1 Bund Thymian
1 EL Butter
100 ml Gemüsebrühe
Salz | schwarzer Pfeffer
75 g Crème fraîche

Die Zwiebel schälen und würfeln. Den Wirsing putzen, waschen und vierteln. Den Strunk entfernen und den Wirsing in Streifen schneiden. Den Thymian waschen, trocken schütteln und die Blättchen abstreifen.

Die Butter in einem großen Topf schmelzen lassen und die Zwiebel darin 5 Minuten bei mittlerer Hitze anschwitzen. Wirsing, Thymian und Gemüsebrühe zugeben, alles mit Salz und Pfeffer würzen und aufkochen. Das Gemüse ca. 10 Minuten bei geringer Hitze köcheln lassen. Zum Schluss die Crème fraîche einrühren und den Wirsing noch einmal mit Salz und Pfeffer abschmecken.

Das Gemüse ist gut vorzubereiten: einfach schon am Vortag garen, allerdings nur 5 Minuten köcheln, dann schnell abkühlen lassen und über Nacht abgedeckt kalt stellen. Kurz vor dem Servieren auf dem Herd erhitzen, die Crème fraîche unterrühren und abschmecken. Der Wirsing passt zum Beispiel zu Schweinefilet (siehe S. 179) und Kartoffel-Pilz-Rolle (siehe S. 191).

Kokosreis

FÜR 4 PERSONEN

Zubereitung: 5 Minuten
Garen: 15 Minuten

250 g Basmatireis
250 ml Kokosmilch
1 TL Salz

Reis mit Kokosmilch, Salz und 200 Milliliter Wasser in einem Topf aufkochen. Sobald er kocht, die Temperatur reduzieren und den Reis mit geschlossenem Deckel bei geringster Hitze ca. 15 Minuten ausquellen lassen. Zum Servieren mit einer Gabel auflockern. Er passt zum Beispiel zum Chili-Limetten-Fisch (siehe S. 185).

Knoblauch-Honig-Möhren

FÜR 4 PERSONEN

Zubereitung: 15 Minuten
Backen: 30 Minuten

800 g Möhren
2 EL Olivenöl
1 EL Honig
1 Knoblauchzehe
Salz | schwarzer Pfeffer
Fleur de Sel zum Bestreuen

Den Backofen auf 200 °C (Umluft 180 °C) vorheizen.
Die Möhren putzen, schälen, je nach Dicke längs
halbieren oder vierteln und in fingerlange Stifte
schneiden. In einer großen Schüssel Olivenöl und
Honig verrühren. Den Knoblauch schälen, dazupressen und alles mit wenig Salz und Pfeffer würzen. Die
Möhrenstifte gründlich mit dem Dressing vermischen, auf einem Blech ausbreiten und im Ofen ca.
30 Minuten backen, bis sie weich sind. Zum Servieren mit Fleur de Sel bestreuen. Die Möhren passen
zum Beispiel zu Wildschweinragout (siehe S. 182).

Wasabi-Erbsen-Püree

FÜR 4 PERSONEN

Zubereitung: 15 Minuten
Garen: 10 Minuten

1 kleine Zwiebel
1 EL neutrales Pflanzenöl
200 g TK-Erbsen
Salz
1 EL Schmand
½–2 TL Wasabipaste (je nach gewünschter Schärfe)

Die Zwiebel schälen, fein würfeln und in einem Topf
in dem Öl in 4 Minuten glasig schwitzen. Die gefrorenen Erbsen und 50 Milliliter Wasser zugeben, salzen, alles aufkochen und die Erbsen ca. 10 Minuten
bei geringer Hitze köcheln lassen. Übrige Flüssigkeit
abgießen. Den Schmand und ½ Teelöffel Wasabipaste
zu den Erbsen geben und diese mit einem Kartoffel-
stampfer zerdrücken. Das Erbsenpüree mit Salz und
weiterer Wasabipaste bis zur gewünschten Schärfe
abschmecken. Es passt zum Beispiel zum Fisch in
Salzkruste mit Misobutter (siehe S. 186).

Kartoffel-Pilz-Rolle
mit Schnittlauchsauce

Lockerer Kartoffelteig, herzhafte Füllung und cremige Sauce: Diese Roulade macht nicht nur Vegetarier glücklich!

Für die Kartoffel-Pilz-Rolle die Kartoffeln ungeschält in 15–20 Minuten weich kochen. Inzwischen die getrockneten Pilze in warmem Wasser einweichen. Thymian und Petersilie getrennt waschen und trocken tupfen, die Blättchen fein hacken. Zwiebel und Knoblauch schälen und fein würfeln. Champignons trocken abreiben, putzen, evtl. halbieren und in Scheiben schneiden. Eingeweichte Pilze abgießen und hacken.

Das Öl in einer Pfanne erhitzen. Zwiebel und Knoblauch darin ca. 4 Minuten anschwitzen. Trockenpilze und Champignons mit dem Thymian zugeben, mit Salz und Pfeffer würzen und bei hoher Temperatur ca. 10 Minuten braten, bis die austretende Flüssigkeit verdampft ist. Petersilie unterrühren und die Pilzfüllung würzig abschmecken.

Die Kartoffeln abgießen, heiß pellen und durch die Kartoffelpresse drücken. Das Püree mit Grieß, Mehl, 1 Teelöffel Salz und Ei vermischen. Den Kartoffelteig auf einem mit Grieß bestreuten angefeuchteten Küchentuch fingerdick auf ca. 20 × 20 Zentimeter ausrollen. Die Pilzfüllung darauf verteilen, dabei oben einen kleinen Rand aussparen. Teig und Füllung mithilfe des Tuchs aufrollen und dieses an den Enden mit Küchengarn verschließen. In einem sehr weiten Topf oder einem Bräter reichlich Wasser aufkochen, die Rolle hineinlegen und bei geringer Hitze in 30 Minuten gar ziehen lassen.

Inzwischen für die Sauce die Zwiebel schälen und fein würfeln. Die Butter in einem Topf schmelzen, die Zwiebel darin ca. 4 Minuten anschwitzen und mit Weißwein und Brühe ablöschen. Alles aufkochen und ca. 20 Minuten offen einkochen lassen. Den Schnittlauch waschen, trocken schütteln und in Röllchen schneiden. Die Crème fraîche einrühren. Die Sauce nach Belieben andicken. Dazu die Speisestärke mit etwas kaltem Wasser anrühren und in die kochende Sauce rühren. Den Schnittlauch zugeben und die Sauce mit Salz und Pfeffer abschmecken. Die fertige Kartoffelrolle aus dem Tuch wickeln, in Scheiben schneiden und mit der Sauce servieren.

FÜR 4 PERSONEN

Zubereitung: 1 Stunde 20 Minuten

FÜR DIE KARTOFFEL-PILZ-ROLLE
400 g mehligkochende Kartoffeln
5 g getrocknete Pilze
  (z. B. Steinpilze oder Morcheln)
3 Zweige Thymian
½ Bund Petersilie
1 Zwiebel
1 Knoblauchzehe
300 g Champignons
2 EL neutrales Pflanzenöl
40 g Hartweizengrieß
75 g Weizenmehl
  (Type 405 oder 550)
1 Ei (Größe M)

FÜR DIE SCHNITTLAUCHSAUCE
1 Zwiebel
1 EL Butter
50 ml Weißwein
400 ml Gemüsebrühe
2 Bund Schnittlauch
150 g Crème fraîche
3 TL Speisestärke (nach Belieben)

AUSSERDEM
Salz | schwarzer Pfeffer
Hartweizengrieß zum Verarbeiten
Küchengarn

Kürbisgnocchi mit *karamellisiertem Radicchio*

Gnocchi einmal ohne Kartoffeln und langwierige Zubereitung: Der Charme dieses Gerichts liegt in der unregelmäßigen Form der Nocken – und natürlich in ihrem Kontrast zu dem bittersüßsauren und wunderschön purpurfarbenen Radicchio.

FÜR 4 PERSONEN

Zubereitung: 1 Stunde
Backen: 45 Minuten

FÜR DIE KÜRBISGNOCCHI
900 g Kürbisfruchtfleisch
   (geputzt und geschält gewogen)
100 g frisch geriebener Parmesan
1 Ei (Größe M)
1 Eigelb (Größe M)
Salz
250 g Weizenmehl (Type 405)

AUSSERDEM
3 EL Butter
1 kleiner Radicchio (300 g)
1 EL Zucker
2 EL Aceto balsamico
2 EL Kapern (in Essiglake, Glas)
schwarzer Pfeffer
gehobelter Parmesan zum
   Garnieren

Den Backofen auf 200 °C (Umluft 180 °C) vorheizen. Den Kürbis in grobe Stücke schneiden. Ein Blech mit Backpapier auslegen, die Kürbisstücke darauf verteilen und im Ofen in 35–45 Minuten weich backen. Den weichen Kürbis herausnehmen, in eine Schüssel füllen und mit dem Pürierstab glatt mixen. Das Kürbispüree mit Parmesan, Ei, Eigelb, 1 Teelöffel Salz und Mehl zu einem Teig verrühren.

In einem großen Topf reichlich Salzwasser aufkochen, dann die Hitze herunterschalten. Mit zwei Teelöffeln Nocken von dem Kürbisteig abstechen und portionsweise in das nur leicht siedende Wasser fallen lassen. Die Kürbisgnocchi sind gar, wenn sie an die Oberfläche steigen. Mit einem Schaumlöffel herausheben und in einem Sieb abtropfen lassen. In einer großen Pfanne 2 Esslöffel Butter schmelzen lassen und die Gnocchi darin unter gelegentlichem Wenden in ca. 8 Minuten goldgelb anbraten.

Den Radicchio waschen, putzen und in nicht zu kleine Stücke schneiden. 1 Esslöffel Butter und Zucker in einer Pfanne schmelzen und leicht karamellisieren lassen. Die Mischung mit dem Aceto balsamico ablöschen, Radicchio mit Kapern zugeben und unter Rühren in 3–4 Minuten etwas zusammenfallen lassen. Den Radicchio mit Salz und Pfeffer würzen. Die Gnocchi auf Teller verteilen, den Radicchio daraufgeben und alles mit gehobeltem Parmesan bestreuen. Sofort servieren.

Wirsingrouladen auf Paprikagemüse

Dieses üppige Rezept ergibt acht Krautwickel, also zwei pro Person unter normalen Umständen genau richtig, im Rahmen eines mehrgängigen Menüs eventuell zu viel des Guten. Die Lösung: einfach die Hälfte der Rouladen als Mahlzeit für den nächsten Tag abzweigen.

Für die Wirsingrouladen die Laugenbrezeln in feine Scheiben schneiden und in eine Schüssel geben. 250 Milliliter Milch lauwarm erhitzen, darübergießen und die Brezeln 5 Minuten stehen lassen.

Inzwischen den Schnittlauch waschen, trocken schütteln, in Röllchen schneiden und mit den Eiern zu den Brezeln geben. Den Schüsselinhalt mit den Händen gründlich verkneten. Evtl. noch etwas Milch zugeben. Den Feta zerbröseln und nur kurz untermischen. Den Teig mit Salz und Pfeffer abschmecken und in 8 Portionen teilen.

Die äußeren Blätter vom Wirsing entfernen, dann 16 Blätter ablösen. In einem großen Topf reichlich Salzwasser aufkochen und die Blätter darin 1 Minute blanchieren, abgießen und kalt abschrecken. Die dicken Mittelrippen flacher schneiden. Zwei Blätter hintereinander etwas überlappend auf die Arbeitsfläche legen. Eine Portion Brezelmasse auf das untere Ende setzen, die Seiten darüberschlagen und die Blätter über der Füllung zusammenrollen. Die fertige Roulade mit Klammern oder -ringen fixieren oder mit Küchengarn zu einem Päckchen binden. Auf diese Weise insgesamt 8 Rouladen herstellen.

Für das Paprikagemüse Knoblauch und Zwiebel schälen und würfeln. Paprika putzen, waschen und ca. 2 Zentimeter groß würfeln. Den übrigen Wirsing halbieren, eine Hälfte erneut halbieren und ohne Strunk in fingerbreite Streifen schneiden (die andere Hälfte für ein anderes Gericht verbrauchen). Den Thymian waschen, trocken schütteln und die Blättchen hacken.

Das Öl in einem sehr weiten Topf oder einem Bräter erhitzen. Zwiebel und Knoblauch darin ca. 3 Minuten anschwitzen. Paprika, Wirsingstreifen, Thymian, Tomaten, Gemüsebrühe sowie Gewürze und Zucker zugeben, alles gut verrühren, salzen und aufkochen. Die Wirsingrouladen auf das Gemüse legen und bei aufgelegtem Deckel und geringer Hitze in 30 Minuten garen. Die Rouladen mit dem Gemüse und nach Belieben etwas saurer Sahne servieren.

FÜR 4 PERSONEN

Zubereitung: 1 Stunde 20 Minuten
Garen: 30 Minuten

FÜR DIE WIRSINGROULADEN
4 Laugenbrezeln vom Vortag
  (ca. 350 g)
250–300 ml Milch
2 Bund Schnittlauch
2 Eier (Größe M)
200 g Feta
1 großer Wirsing (ca. 1 kg)

FÜR DAS PAPRIKAGEMÜSE
4 Knoblauchzehen
1 Zwiebel
je 1 rote und 1 gelbe Paprikaschote
4 Zweige Thymian
2 EL neutrales Pflanzenöl
400 g gehackte Tomaten (Dose)
250 ml Gemüsebrühe
1 TL Pimentón de la Vera
  (siehe Glossar S. 201)
1 TL edelsüßes Paprikapulver
Cayennepfeffer
  (je nach gewünschter Schärfe)
1 EL Zucker

AUSSERDEM
Salz | schwarzer Pfeffer
Rouladenklammern, -ringe oder
  -küchengarn
100 g saure Sahne zum Servieren
  (nach Belieben)

Cassis–Tiramisu

FÜR 8 PERSONEN

Zubereitung: 30 Minuten
Ziehen: 2 Stunden

200 ml Sahne
500 g Mascarpone
250 g Magerquark
100 g plus 1 EL Schwarze-
   Johannisbeer-Fruchtaufstrich
   oder Schwarze-Johannisbeer-
   Gelee
2–4 EL Zucker (falls nötig)
200 ml Espresso oder starker
   Kaffee
7 EL Cassis (Schwarze-Johannis-
   beer-Likör, nach Belieben)
200 g Löffelbiskuits
frische Johannisbeeren zum
   Garnieren (in der Saison, nach
   Belieben)

Schwarze Beeren besitzen eine erstaunliche Affinität zu schwarzem Kaffee. In dieser Variante des Italo-Klassikers dürfen die beiden zeigen, wie gut sie miteinander können.

Die Sahne steif schlagen. In einer Schüssel Mascarpone und Quark mit 100 Gramm Fruchtaufstrich oder Gelee verrühren und falls nötig mit Zucker süßen. In einer kleinen Schüssel Espresso und 4 Esslöffel Cassis verrühren.

Nach und nach die Löffelbiskuits in die Kaffeemischung tauchen, sodass sie sich etwas vollsaugen, und den Boden einer eckigen Form (ca. 20 × 25 Zentimeter) damit auslegen.

Die Hälfte der Mascarponecreme darauf verstreichen. Darauf wieder eine Lage getränkte Löffelbiskuits schichten und den Rest der Creme darauf verstreichen. Den übrigen Esslöffel Fruchtaufstrich oder Gelee mit 3 Esslöffeln Cassis glatt rühren und die Oberfläche des Tiramisu mit Klecksen dekorieren. Das Cassis-Tiramisu vor dem Servieren mindestens 2 Stunden abgedeckt im Kühlschrank durchziehen lassen. Falls ihr frische Beeren zum Servieren habt: Die Beeren vorsichtig waschen, trocken tupfen und vor dem Servieren auf dem Tiramisu verteilen.

Klein und fein

Noch eleganter kommt das Dessert daher, wenn ihr es nicht in eine große Form schichtet, sondern in Portionsgläschen, in denen ihr es auch gleich serviert.

Tee-Pannacotta
mit Himbeersauce

Tee weckt den müden Geist, erfrischt und belebt. Also genau das, was man nach einem langen Essen dringend braucht!

Für die Tee-Pannacotta die Gelatine in kaltem Wasser einweichen. Die Sahne mit den Teeblättern in einem Topf aufkochen und 5 Minuten ziehen lassen, dann durch ein feines Sieb gießen. Die Tee-Sahne zurück in den Topf geben, mit dem Zucker vermischen und erneut erhitzen. Die Gelatine ausdrücken und in einem zweiten Topf bei niedriger Hitze schmelzen lassen. 2 Esslöffel der Tee-Sahne zugeben, dann die Gelatinemischung in die übrige Tee-Sahne einrühren. Die Masse auf vier Schüsseln verteilen und abgedeckt mindestens 3 Stunden kalt stellen.

Inzwischen für den Sesamkrokant ein Stück Backpapier bereitlegen. Den Zucker in einem kleinen Topf schmelzen lassen. Sobald er goldgelb wird, den Sesam einrühren und die Mischung sofort dünn auf das Backpapier streichen. Den Krokant abkühlen lassen und in Stücke brechen.

Für die Himbeersauce die Beeren verlesen und pürieren. Das Püree durch ein feines Sieb streichen und die Himbeersauce mit Zucker und Zitronensaft verrühren.

Zum Anrichten die Pannacotta aus den Förmchen auf Teller stürzen, dazu am besten mit einem Messer vom Rand lösen und die Förmchen kurz in heißes Wasser tauchen. Die Himbeersauce darum herumträufeln und das Dessert mit Sesamkrokant garnieren.

FÜR 4 PERSONEN

Zubereitung: 45 Minuten
Kühlen: 3 Stunden

FÜR DIE TEE-PANNACOTTA
3 Blatt Gelatine
400 ml Sahne
1 EL Earl-Grey-Teeblätter
50 g Zucker

FÜR DEN SESAMKROKANT
2 EL Zucker
1 ½ EL Sesamsamen

FÜR DIE HIMBEERSAUCE
200 g Himbeeren
   (frisch oder TK, aufgetaut)
3 EL Zucker
Saft von ½ Zitrone

AUSSERDEM
4 Förmchen oder Schüsseln

Glossar

Ajvar: Der Aufstrich aus Paprika, Zwiebeln und Gewürzen stammt vom Balkan und schmeckt nicht nur auf Brot, als Dip und als Basis für schnelle Pastasaucen, sondern eignet sich auch bestens zum Würzen. Ajvar gibt es in gut sortierten Supermärkten und häufig auch in türkischen Läden. Siehe auch → Biber salçası. Rezepte: Eier im Glas, S. 43; Paprika-Blätterteigstangen, S. 107.

Biber salçası ist wie → Ajvar eine Paprikapaste, allerdings nur aus Paprika und Salz hergestellt und ähnlich konzentriert wie Tomatenmark. Genau wie dieses wird es zum Würzen und Abschmecken pikanter Gerichte verwendet und hält sich eine Weile im Kühlschrank. In türkischen Läden gibt es die Paste in milder (tatlı) und scharfer (acı) Ausführung. Rezepte: Eier im Glas, S. 43; Paprika-Blätterteigstangen, S. 107.

Chipotle–Chilis: Jalapeños, die reif und rot geerntet und dann geräuchert werden. Sie schmecken sehr aromatisch scharf-rauchig und sind toll für Chili con (oder sin) Carne oder Gemüsegerichte mit Kick. In spanischen beziehungsweise lateinamerikanischen Spezialitätengeschäften (oder übers Internet) gibt es sie „in adobo", also in würzige Sauce eingelegt, in der Dose. Reste können gehackt eingefroren werden und stehen dann als Sofortwürze zur Verfügung. Ersatz: Chipotle-Chilipulver. Rezepte: Kürbis-Bohnen-Pfanne, S. 117; Cheddar-Chipotle-Dressing, S. 139.

Fischsauce wird vor allem in Thailand und Vietnam verwendet, um Gerichten salzige Würze zu verleihen. Pur riecht sie gewöhnungsbedürftig; dem fertigen Gericht gibt sie dagegen die typisch südostasiatische Note. Erhältlich ist sie in Asienläden: Nam plaa ist die Thai-Version, Nuoc mam die vietnamesische. Sie unterscheiden sich aber kaum. Rezepte: Vietnamesische Reisnudeln mit Steak, S. 76; Pho-Bo-Tafelspitz mit Koriander-Erdnuss-Pesto, S. 174; Chili-Limetten-Fisch mit Süßkartoffeln, S. 185.

Ghee ist geklärte Butter, die in der indischen Küche eine wichtige Rolle spielt. Es gibt sie im Bio- und Asienladen. Ersatz: Butterschmalz oder einfach Butter. Rezept: Kohlrabicurry mit Joghurt, S. 58.

Granatapfelsirup wird in der Türkei und angrenzenden Ländern ähnlich eingesetzt wie bei uns Aceto balsamico: für süßsäuerliche Akzente. Es gibt ihn im türkischen oder arabischen Laden. Grenadinesirup eignet sich nicht als Ersatz, weil er viel zuckriger ist. Rezept: Auberginenröllchen mit Walnussfüllung, S. 109.

Harissa: Die nordafrikanische Chilipaste enthält außer den Scharfmacherschoten auch Gewürze, die ihr den typisch feurig-aromatischen Geschmack verleihen. Sie gibt orientalischen Gerichten einen Schärfekick, schmeckt aber auch in Dips und Dressings. Es gibt sie in türkischen und arabischen Läden und in gut sortierten Supermärkten. Rezepte: Lammkoteletts mit Blumenkohlsalat, S. 79; Tahindressing, S. 138; Köfte-Fladenbrote, S. 142.

Langer Pfeffer erinnert an schwarze Weidenkätzchen und schmeckt nicht nur scharf, sondern auch harzig-aromatisch. Die kleinen Stangen müssen vor dem Verwenden gemörsert werden. Das Gewürz schmeckt besonders gut in Gerichten mit fruchtiger Note, aber auch in Currys und Salatdressings. Langen Pfeffer gibt es in Feinkostläden und über das Internet. Rezepte: Entenbrust mit Holunderschalotten, S. 80; Rote-Bete-Carpaccio mit Kumquats, S. 167.

Merguez sind scharf gewürzte Würstchen aus Lammfleisch (manchmal mit Rindfleisch), die eigentlich aus Nordafrika stammen, aber inzwischen auch bei uns ihre Fans haben. Viele türkische Metzger bieten sie an, aber auch immer mehr deutsche. Rezept: Mangold-Linsen-Eintopf, S. 52.

Glossar

Misopaste spielt nicht nur in der Misosuppe eine Rolle. Die japanische Würzpaste verleiht auch vielen anderen Gerichten eine gehörige Portion „Umami", also vollen, runden Geschmack. Die vielen unterschiedlichen Sorten können allerdings verwirren, denn auch wenn die Basis immer fermentierte Sojabohnen sind, werden manchmal noch Reis, Gerste oder andere Zutaten zugesetzt. Dunklere Sorten wie das hier verwendete Genmai-Miso sind generell intensiver als helle, die eher mild-süßlich schmecken. Misopaste gibt es inzwischen in gut sortierten Supermärkten, in Bioläden und im Asienladen. Rezepte: Eier im Glas, S. 43; Süßkartoffel-Paprika-Kuchen, S. 99; Fisch in Salzkruste mit Misobutter, S. 186.

Pimentón de la Vera: Das geräucherte Paprikapulver aus Spanien gibt zum Beispiel Gemüse- und Eigerichten eine wunderbar rauchige Note, würzt aber auch Kartoffelwedges und herzhafte Dips. Zu kaufen ist es in spanischen Spezialitätengeschäften oder übers Internet. Rezepte: Bourbon-Barbecue-Sauce, S. 147; Wirsingrouladen auf Paprikagemüse, S. 195.

Pul Biber: Die türkischen Paprikaflocken können eingesetzt werden wie Chiliflocken, würzen aber milder und bringen außerdem ein süßliches Aroma mit. Dunklere Sorten sind weniger scharf, weil darin die Samen der Früchte nicht mitgemahlen werden. Pul Biber gibt es in türkischen Läden. Rezepte: Menemen, S. 44; Mangold-Linsen-Eintopf, S. 52; Pasta mit scharfem Grünspargel, S. 62; Auberginenröllchen mit Walnussfüllung, S. 109.

Ras el-Hanout: Die marokkanische Mischung aus bis zu 40 Gewürzen verleiht zum Beispiel orientalischen Schmorgerichten ein wunderbares Aroma. Es gibt sie in arabischen Läden, in Feinkostgeschäften und übers Internet. Rezepte: Aprikosen-Feta-Aufstrich, S. 26; Lammkoteletts mit Blumenkohlsalat, S. 79.

Salzzitronen, die in Gläsern eingelegt werden, entwickeln während ihrer Reifezeit einen ganz eigenen Geschmack. In ihrer Heimat Marokko werden sie für herzhafte Schmorgerichte eingesetzt, aber sie lassen sich auch für Dips und Salatdressings verwenden. Man bekommt sie gelegentlich in arabischen Läden und übers Internet – und im Web finden sich auch reichlich Anleitungen, wie man sie ganz einfach selbst machen kann. Sie halten sich im Kühlschrank ewig. Rezept: Lammkoteletts mit Blumenkohlsalat, S. 79.

Sumach ist ein Gewürz, das vor allem im Nahen Osten gerne verwendet wird. Das rotbraune Pulver schmeckt intensiv sauer, weil es aus den Früchten des Essigbaums gewonnen wird. Es würzt Fleischgerichte und Salate, und häufig werden Dips damit garniert. Zu kaufen gibt es Sumach im türkischen oder arabischen Laden. Rezept: Mangold-Linsen-Eintopf, S. 52.

Tahin: Die Sesampaste mit dem leicht herben Geschmack gehört auf jeden Fall in Hummus, wird im Orient aber auch gern mit etwas Zitronensaft oder Joghurt und Kreuzkümmel verrührt und als Dip verwendet. Tahin gibt es im Bioladen, im türkischen und arabischen Geschäft und immer häufiger auch im Supermarkt. Rezepte: Joghurt mit Honig-Anis-Pflaumen, S. 24; Süßkartoffel-Paprika-Kuchen, S. 99; Tahindressing, S. 138.

Yufkateig besteht aus hauchdünn ausgerollten Blättern, aus denen in der türkischen Küche gerne Teigtaschen zubereitet werden. Es gibt ihn in türkischen Läden. Filoteig funktioniert als Ersatz genauso gut. Rezept: Feta-Minz-Täschchen, S. 154.

Register

A bis Z

Register

Team

Sabine Schlimm

Sabine Schlimm lebt in Hamburg und kocht am liebsten zusammen mit ihrem Mann, der ihre Küchenmacken inzwischen gewohnt ist.

Da sie ohnehin ständig übers Kochen nachdenkt, freut sie sich, das auch beruflich tun zu können: als Autorin, Lektorin und Übersetzerin von Koch-büchern.

Über die emotionalen Seiten des Essens schreibt sie auf ihrem Blog.

www.schmeckt-nach-mehr.de

Lisa Nieschlag

Lisa Nieschlag ist Designe-rin, Kochbuch-Autorin und Food-Fotografin. Außerdem bringt sie den Leser mit vielzähligen Beiträgen in Lifestyle-Magazinen auf den Geschmack. Backen, Stylen und Fotografieren: Die Küche ist Lisas kreativer und kulina-rischer Mikrokosmos. Hilfe bekommt sie vom besten Sous-Chef der Welt, ihrer Tochter.

Zusammen mit Julia betreibt Lisa den beliebten Food-Blog „Liz & Jewels."

www.lizandjewels.com

Lars Wentrup

Lars Wentrup ist ein Allrounder: Designer, Illustrator, Feinschmecker und Testesser sowie die rechte Hand seiner Frau. Schnibbeln, Tisch decken und abwaschen macht er mit links. Doch wer weiß, welche Auswirkungen die jährlichen Männerkochkurse zukünftig auf diese Rollenverteilung haben.

Seit 2001 führt Lars gemeinsam mit Lisa eine Agentur für Kommunikationsdesign in Münster.

www.nieschlag-und-wentrup.de

Julia Cawley

Fünf Jahre hat Julia Cawley als Fotografin im Big Apple ge-arbeitet, jetzt lebt sie mit ihrer Familie in Hamburg, dem Tor zur Welt. Ebenso weltoffen begegnet die Kosmopolitin neuen Rezepten, vegetarischen wohlgemerkt.

Als Foodbloggerin organisiert Julia mit Lisa internationale Food-Styling- und Photo-graphy-Workshops. Zudem widmet sie sich den Kleinsten dieser Welt - mit ihrer Baby-Fotografie.

www.juliacawley.com

Danke

... an unsere erfahrenen
Köche, die uns tatkräftig
bei der Zubereitung der
vielfältigen Rezepte
geholfen haben:
David Görlich
Falko Vonhuene

... an unser gesamtes
Team – für eure Hilfe und
Modellqualitäten:
Melissa & Sophie
Tabea
Lina
Sarah & Dennis
Hannah & Yannick
Susanne & Johannes
Myriam
Saskia
Ahmad

... an unsere
Kooperationspartner
für die Bereitstellung
der schönen Deko:
Geliebtes Zuhause
3 Punkt F
Villeroy & Boch
Broste Copenhagen
House Doctor

Impressum

5 4 3 2 1   21 20 19 18 17
ISBN 978-3-88117-126-7
© 2017 Hölker Verlag im Coppenrath Verlag GmbH & Co. KG,
Hafenweg 30, 48155 Münster, Germany
Alle Rechte vorbehalten, auch auszugsweise

www.hoelker-verlag.de

Konzept, Gestaltung und Satz:
Nieschlag + Wentrup, Büro für Gestaltung
www.nieschlag-und-wentrup.de

Fotos:
Lisa Nieschlag: Seite 53, 54, 59, 60, 63, 66, 71, 74, 77, 78, 81, 82, 85, 86,
90, 93, 94, 98, 101, 103, 104, 108, 111, 112, 116, 119, 120, 123, 124, 163, 165,
166, 169, 172, 175, 177, 178, 181, 183, 184, 187, 190, 193, 194, 197, 198

Julia Cawley: Seite 4, 5, 6, 9, 10, 13, 14, 15, 17, 18, 21, 23, 25, 28, 31, 33,
34, 37, 38, 39, 41, 42, 45, 46, 49, 50, 51, 57, 65, 68, 69, 88, 89, 97, 100,
115, 126, 127, 129, 130, 133, 134, 136, 140, 143, 144, 146, 149, 151, 152, 155,
156, 159, 160, 162, 171, 176, 207, Titel, Umschlag innen und außen,
Rückseite

Karin Desmarowitz: Seite 206
Portrait von Sabine Schlimm

Anna Haas: Seite 206
Portraits von Lisa Nieschlag, Lars Wentrup, Julia Cawley

Redaktion:
Kathrin Nick

Lektorat:
Christin Geweke